应用型人才培养的"黄海"实践

Qingdao Huanghai University Practice of Cultivating Applied Talents

梁忠环　刘常青　张春梅　于振邦　著

中国海洋大学出版社

· 青岛 ·

图书在版编目（CIP）数据

应用型人才培养的"黄海"实践／梁忠环等著．

青岛：中国海洋大学出版社，2025.3. ISBN 978-7
-5670-4139-4

Ⅰ. G649.2

中国国家版本馆 CIP 数据核字第 202588TT08 号

出版发行	中国海洋大学出版社			
社　　址	青岛市香港东路 23 号		邮政编码	266071
出 版 人	刘文菁			
网　　址	http://pub.ouc.edu.cn			
订购电话	0532－82032573（传真）			
责任编辑	杨亦飞		电　　话	0532－85902533
印　　制	日照报业印刷有限公司			
版　　次	2025 年 3 月第 1 版			
印　　次	2025 年 3 月第 1 次印刷			
成品尺寸	170 mm ×240 mm			
印　　张	11			
字　　数	190 千			
印　　数	1—1 000			
定　　价	49.00 元			

发现印装质量问题，请致电 0633-8221365，由印刷厂负责调换。

俯首民学孺子牛　愚公移山追梦人

献给"黄海"弄潮 25 年的自己

本书旨在献给逝去的青春岁月。

改革开放之后,我国民办教育萌发生机,涌现出一批锐意进取的弄潮儿。这个群体中不乏开天辟地、敢于领先和勇于开拓的创业者,他们甘当拓荒牛,功不可没;更有一大批默默耕耘、俯首奋蹄和甘于奉献的民办教育基层工作者——孺子牛,他们有生存之忧和发展之惑,正努力创造民办教育更加辉煌的明天。

在黄海之滨、珠山脚下,青岛西海岸新区的核心位置,有一座面朝黄海、背依珠山的民办本科高校——青岛黄海学院。学校在刘常青董事长的带领下,28 年风雨兼程,完成了"培训—中职—高职—本科合格教育—本科教育高质量发展"的四个"七年跨越",为社会培养了 17 万余名毕业生。在创业征程中,全体教师与学校同心同德同发展,在青岛西海岸这片沃土上,像老黄牛一样辛勤耕耘着,历尽风霜淬炼。他们把头颅低下去,把身躯弯下去,把脚印进泥土里,踏碎原始的泥泞与艰辛,披荆斩棘,让灵魂沿着民办教育成长的阶梯攀缘而上。他们在"珠山"上做"愚公",以"愚公"精神守望着民办教育的伟大事业,初心不改,孜孜不倦,走出了一条前人未曾走过的道路。他们畅游于"黄海"这片水域,在舵手的引领下勇做水手,扬帆起航,毫不懈怠地投身于学校的民办教育改革发展大潮,纵遇浪遏飞舟,依然搏击风浪,为学校日新月异的发展和光彩夺目的建设无私奉献,付出了辛勤的劳动与汗水,挥洒着自己的青春与热血,在教育改革的实践征程中淬炼成才。

斗转星移,1999 年 4 月 19 日至今,我已在学校学习、工作和生活了 25 个春秋。25 年寒来暑往,25 年风雨兼程,不论人生角色如何变换,我始终坚守如一,以执着的精神上下求索,留下一串串坚实的脚印,更以一个民办教育工作者的身份扎根基层,从事一线教育教学工作,品尝民办教育的酸、甜、苦、辣,与学校共成长。在此过程中,我积极探索民办教育教学实践,推动举行高等教育学历文凭考试、自学考试,提高成人教育、高等职业教育和本科教育的教学质量。

我立志做一个有理想的追梦人。诚如汪国真所说:"我不去想是否能够成功/既然选择了远方/便只顾风雨兼程……我不去想身后会不会袭来寒风冷雨/既然目标是地平线/留给世界的只能是背影。"在"只要思想不滑坡,办法总比困难多"的理念指导下,我融入并带领着核心团队,看准目标,埋头苦干,肩负重任,不惧辛劳,勇攀高峰,以大干、特干的"拼"劲一以贯之,付诸行动"干"到底,落地践行"实"到家。风雨过后,我们终见彩虹,将苦痛酿成美酒,其味至真至醇,愈久弥香,余韵悠长。

"人是要有点精神的,将工作融入生命"是我的座右铭,"激情与梦想,开拓与创新"是我的工作态度,"默默无闻、脚踏实地、真抓实干"是我的工作理念,"爱生、爱岗、爱事业,忠诚教育,献身民办,将教育事业进行到底"是我毕生的追求。我将铭记王小波的"工作是人一生的主题,干什么都是好的,但要干出个样子来! 这是个人的价值和尊严之所在"。在此征途上,我要仰望星空,更要脚踏大地,做一个民办教育路上的"愚公",俯首甘为孺子牛,以愚公移山的精神,竭尽所能地实现自己心中的"教育梦"。

2024 年适逢青岛黄海学院建校 28 年,也是我踏入社会、入职学校的第 25 个年头。25 年弹指一挥,我始终坚守育人之心,风雨兼程,不舍昼夜。岁月染白了我的青丝,留下了沧桑的纹路……蓦然间,我发现自己青春不再,有冯唐易老之感。不经意间,我看到了本杰明·富兰克林的一句话:"如果你不想一死就被忘记,要么写点值得读的东西,要么做点值得写的事情。"真是心有戚戚焉! 于是,我复盘、反思 2015 年以来的工作印痕和心路历程,以探索应用型人才培养路径,探求民办本科教育的本质规律,为赋能高素质人才培养和学校高质量发展贡献力量。本书在时序和内容上承接了上部著作《扬帆黄海 求索民学——黄海民学实践论》。二者并为一体，献给弄潮"黄海"25年的自己和长期以来跟我一道拼搏向上、协同并进的卓越团队。

是为序。

梁忠环

山东青岛

2024 年 6 月

目 录
CONTENTS

概述 ｜ 探索优质特色发展之路

我国著名经济学家厉以宁说："高质量、有特色的教育永远是稀缺资源。"（马凯歌，2011）青岛黄海学院实施质量立校、人才强校、特色兴校、开放办校的发展战略，探索出了一条以人民为中心的教育人文化、产教融合化、教学智慧化、办学国际化、人才培养优质化的特色发展之路。

青岛黄海学院全面跟随党的领导，坚持社会主义办学方向和公益性办学原则，践行以人民为中心的发展思想，坚定民办教育是人民的教育事业，发展依靠人民，办学为了人民。在办学过程中，青岛黄海学院始终站稳人民立场，以生为本、以爱为源，时刻把学生放在心上，以优质的民办高等教育增强人民群众的获得感、幸福感，努力办让人民满意的教育，其"五化"特色发展之路的具体内容如下。

一、教育人文化

以文化人，以文育人。青岛黄海学院围绕高素质应用型人才培养目标，突出德育为先、能力为重，优化理论教学、实践教学、创新创业教育三大体系，形成了红色文化、优秀传统文化、工匠文化、创新文化相融合的育人特色。

二、产教融合化

知行合一，协同育人。青岛黄海学院坚持地方型、应用型办学定位，围绕青岛产业链持续打造专业集群，产、学、研一体化，形成了"一专业一产业""一学院一产业园""一课一企业""一生一项目""一师一团队"，构建"以链建群、以群建院、以院建园、院园合一"的链式联动机制，校企协同推进工作室制人才培养。

三、教学智慧化

智慧教育,启迪智慧。青岛黄海学院以教育智慧化支撑学校人才培养优质化,全面推进数字化转型的认识提升、建设提速、集成提标、应用提级,建设智慧教学楼和智慧学习空间。青岛黄海学院实施智慧思政品牌打造行动,打造了新时代红色文化 VR 实践教育基地;实施智慧课堂品牌打造行动,完成"百门金课"建设计划;实施智慧教研品牌打造行动,利用大数据分析精准开展智慧培训、智慧研讨、智慧评价;推进"智慧+"基层教学组织建设,打破学科专业壁垒,实现全校资源共享。

四、办学国际化

亦中亦西,开放办学。青岛黄海学院将国际化融入人才培养全过程,一是采取"走出去"策略,在应用型人才培养和高技能输出方面进行探索实践;二是采取"引进来"策略,推进中外合作办学,让学生享受优质的国外教育资源;三是采取"沉下去"策略,深入推进"外语+专业"卓越人才培养,促进办学环境国际化、师资队伍国际化、人才培养国际化。

五、人才培养优质化

质量立校,人才强校,特色兴校。青岛黄海学院坚持质量与特色导向,坚持课比天大、以学定教的教学理念,建立自我持续改进的质量文化,立足青岛,面向全国,走向世界,将建设同类一流学校聚焦到人才培养的使命担当上,聚集到质量提高的主题上,聚力到师资建设的关键点上,落脚于学生体验,致力于培养具有中国心、国际范、青岛味、黄海情的时代新人。

学生的中国心,是一颗红心,红心向党,永远跟党走,将社会主义核心价值观融入血液和灵魂;是一颗文化心,将中国文化根植于心,以中华优秀传统文化滋养爱国本心,传承文化基因,守护民族根魂,打好具有家国情怀的做人基础。

学生的国际范,是学生以兼济天下的人类情怀、和而不同的开放思维、顺应时代的全球眼光、中西合璧的跨文化交际能力,坚定文化自信,凭借过硬的本领,潇洒走世界,积极参与国际竞争,讲好中国故事。

学生的青岛味,是青岛独有的地方蛤蜊味。它根植于青岛土壤,遨游在黄海海域,发挥了本土优势,使学生的人文素质、学术水平和专业能力得到广泛认可,使学生真正具备适应青岛经济社会发展的创新创业能力。

　　学生的黄海情,是以情育情、以爱育情、以人格涵养人格。教师应以学生为中心,增强学生的体验感和获得感,建设让学生终身留恋的学校,实现"今日学生以'黄海'为荣,明日'黄海'以校友为荣"的美好愿景。

第一章 以人民为中心

第一节　以人民为中心的民办高校的
高质量发展策略

民办高等教育是我国高等教育事业的重要组成部分,民办高校正在成为建设中国特色高质量高等教育体系的重要力量。如何真正践行以人民为中心的发展思想,坚定站稳教育的人民立场,实现变人民对民办高等教育的"无奈之举"为"主动选择",以更优质的民办高等教育让人民群众拥有更多的获得感,已成为新时代民办高校高质量、内涵式发展的核心问题。

一、坚持民办高等教育的人民性

民办高等教育人民性的核心要义,在于回答"我是谁""依靠谁"和"为了谁"的问题。

1. 民办高等教育"我是谁"

民办高等教育是属于人民的教育事业。民办高校是人民的学校,民办高校的教师是人民教师,民办高校的学生是人民子弟。人民性是中国特色社会主义民办教育的根本属性。民办教育的人民性,是指民办教育的形成过程源于人民,人才培养的本质内涵为了人民,价值目标、价值主体、实践主体和评价主体均是人民。人民意味着民众,体现为面向全体、服务多数的群体性,是一个国家和社会最普遍、最基本的阶层。这决定了民办高校的定位是为老百姓提供服务的公益性事业,而不是为少部分人提供服务的产业。教育的人民性既是群体类的概念,也具有面向每个人的个体性特征,要求民办高等教育关注相关利益者特别是每个师生的发展,促进人的全面发展。1958年,毛泽东同志在审阅和修改陆定一的《教育必须与生产劳动相结合》时提出:"中国教育史有人民性的一面。孔子的有教无类,孟子的民贵君轻,荀子的人定胜天,屈原的批判君恶,司马迁的颂扬反抗……"(中共中央文献研究室,2002)要始终围绕民族的、科学的、大众的基本要求,始终强调为人民服务并促进人的全面发展。

2. 民办高等教育发展"依靠谁"

民办高等教育事业发展依靠人民。许多民办教育举办者有着人民教育家的情怀和追求,把孔子视为民办教育者的鼻祖,践行当代武训的创业艰辛,有和陶行知一样的精神追求。溯源新中国民办高等教育数十年的发展,我们不禁要问——为什么办教育?民办高校缘何诞生?优秀民办高校如何发展壮大?为何一部分民办高校倒闭了?民办高等教育的发展应该依靠谁?其实,民办高校的兴起源于人民所需,由人民所办;民办高校的发展由人民成就。倒闭的民办高校,偏离了教育的人民性初衷和发展轨道,失去了人民性的发展根基,终会被人民抛弃。因而,民办高校的产生、发展和壮大,立足、服务并发展于人民需求,也依靠人民推动。在新的历史条件下,要想实现民办高校持续、健康、高质量发展,就要全面把握人民需求的特点和内涵,全面理解并及时回应人民之需。这主要体现在满足人民对于美好生活和优质教育的需求,既有人民共同的基本需求,还有人民的个性化差异需求,要致力于提高人民教育的获得感。人民普遍的教育需求和差异化的个性需求,决定了民办高校发展一定要实行优质化、特色化发展战略,我国民办高等教育必须有一流的目标追求,体现出中国特色和民办优势,突出中国心、国际范、地方味和教育情。坚守人民性是实现民办高校健康、可持续发展的内在要求。正因民办高校坚持服务于人的发展、推动社会发展的人民性、推动民办高等教育由最初的教育重要补充向重要组成部分迈进,才使其在为社会和国家提供所需人才服务的同时,得到了社会和政府的持续支持,从而更好地保证了民办高校举办者始终同人民一起创造梦想,同人民一起奋斗和前进。

3. 民办高等教育"为了谁"

民办高等教育是为人民办学的公益事业。"为什么人办教育"的问题,反映着教育的价值目标追求和取向,是判断教育究竟为谁服务的根本标尺。民办教育事业是我国教育事业的重要组成部分,必须坚持为我国现代化建设服务、为人民服务、为中国共产党治国理政服务。不少民办高校起步于职业教育、自考助学,二者都是为我国人民谋幸福的教育。民办高校的人民性源于教育的本质属性,并在发展中日益凸显,不断服务于青年人的成长成才,从而促进学生的全面发展、增进人民福祉。今后,在民办高校高质量发展的过程中,必须始终坚持立德树人的根本任务,始终坚持把促进人的全面发展作为基本出发点和落脚点,始终坚持为社会主义现代化建设服务、为人民服务的办学宗旨,也必须始终把握"为人民服务什么"和"如何为人民服务"两个问题。推动我国民办高等教育全面提升的基本出路在于坚守人民性,始终坚持以人民为中心的发展思想,依靠人民,致力于促进人的全面发展。唯有如此,才能避免重蹈片面强调"象牙塔"式精英培养和实用功利化服务社会之覆辙。值得注意的是,促进人的全面发展,其对象不仅仅是学生,也包括教职工。我们要从解决影响人民福祉的瓶颈问题着手来寻找答案,更好地为社会主义事业培养合格的建设者和可靠的接班人。

二、以人民为中心发展民办高等教育

1. 办让人民满意的教育

以人民之心为心、以天下之利为利,为中国人民谋幸福、为中华民族伟大复兴办教育,因为以人民为中心是中国特色社会主义制度优势下民办教育的本质规定。民办高校由人民创办,在发展过程中始终依赖人民,且一切发展都是为了人民。伴随着经济社会发展,特别是人民群众对于民办教育的优质化、个性化、多样化需求日益强烈,民办高校必须积极回应人民群众对于美好生活的热切向往和对于优质本科教育的迫切诉求,为学生和家长提供更具选择性的优质教育服务,为社会提供更有质量的教育供给。民办高校要把让人民满意作为教育工作的价值依归,全心全意为人民服务,因为人民满意既是评价标准,也是发展方向。民办高校要在解决师生反应强烈的急难愁盼问题上下功夫、出实招、见实效,让人民群众拥有实实在在的获得感,让民办教育更有温度、更见质量。

2. 站稳人民立场

有特色、高质量的民办高等教育,需要从人民立场、学生角度来考虑问题并开展工作。不仅要问需于民、问计于民,还要坚持人民的教育人民办,唯有师生广泛参与,才能更好地构建命运共同体。人民立场是马克思主义的根本立场,更是民办高校的根本立场。由个体组合而成的人民,并不是一个抽象的符号。具体到学校,人民就是学生、教职工、家长等人的集合,民办高校应落实以人民为中心的发展思想,把以学生为中心作为办学的出发点和落脚点,围绕学生、培养学生、服务学生,树立"一切为了学生""为了一切学生""为了学生一切"的发展思想。诚如陶行知所言:"教育者,乃为教养学生而设,全以学生为中心……若无学生,焉有学校?既无学校,焉有教师?……即以学生之乐为乐,以学生之忧为忧;学生之休戚即我之休戚,学生之苦恼即我之苦恼是也。"(胡晓风,2007)

站稳学生立场是站稳人民立场的具体体现。民办高校落实以人民为中心的发展思想,就要坚持以学生为中心的办学理念,坚持以学生的视角看待民办教育的发展。从学生视角来看,民办高校是由国家行政审批的,民办高等教育人才培养质量是国家予以认证和保障的,民办教育就是党和国家的教育事业。民办教育的发展是人民支持的结果,学生是人民的中坚力量,学生选择了民办高校,民办高校应以行动践行以人民为中心的使命担当。教育质量体现在学生通过接受民办教育获得价值增值,民办教育高质量发展的落脚点在于学生,民办教育成果惠及学生,使学生从中受益,促进自身成长成才,让学生心有体验,有所收获。

坚持以人民为中心的发展思想需要激发学生的创造力。新时代的大学生自主意识强,具有自我视角的思维力、鉴别力、判断力、评价力。进入民办高校的部分大学生虽有一定的自卑心理,但更有倔强的期待,期待接受优质的教育、拥有翻盘晋升的机会,对民办高校有挑剔的眼光、切身的体悟、体验的判断。因此,民办高校的发展应尊重和维护学生的话语权,坚持依靠人民的实践取向,发挥学生的主动性,激发学生的创造性,让学生参与管理。

3. 坚持教育的公益性

基于人民对美好生活的期待,坚持民办高等教育发展成果由人民共享的理念,保证教育的公益性,擦亮教育的"人民性"底色。中国民办高校与国外私立大学的本质区别在于姓"民"而非姓"私"。前者根植于人民,是人民大众的公共产品。1942年,毛泽东在延安文艺座谈会上提出:"什么是人民大众呢?最广大的人民,占全人口90%以上的人民,是工人、农民、兵士和城市小资产阶级。"纵观中国民办高校的发展历程,我们不难发现,人民大众在不同历史条件下推动了民办教育的发展,民办高等教育已成为人民大众的公共教育产品。个人或组织提供的教育产品和教育收益由人民大众共享,而不是为少部分人或特定人群所有。民办高等教育的收益是一种文化知识收益,也应由人民大众共享。

三、坚持人的全面发展的价值取向

民办高校高质量发展,就是面向大众促进利益相关者全面发展。这里的发展,不仅指物的发展,更指人的发展。社会发展常表象为物的发展,物质的提升和量的增加使人民的生活变得更加便利和丰富,但社会发展的目的是提升人的生活质量和实现人的发展。对于民办高校而言,办学层次的提升、大楼的建立、名师的引进、设施的更新、科研成果的获得是手段而非目的,是表象而非实质。学校是培养人的场所,教育是培养人的活动,学校发展的本质是实现人的发展,尤指促进学生成长和进步。民办高校高质量发展,就是指包括学生、教职工、领导干部等在内的人的高质量发展。

1. 学生的发展

实现学生的全面发展。学校发展的目的,是实现学生的全面发展。马克思认为,人的发展是"人以一种全面的方式,也就是说,作为一个完整的人,占有自己的全面的本质"。马克思主义认为,人的发展的最高境界是实现人的全面的、自由的发展,是对人的本质的真正体现。民办高校的高质量发展就是要落实马克思主义关于人的全面发展理论,实现从学校中心到教师中心再到学生中心办学理念的转变,构建高质量人才培养体系,促进学生德、智、体、美、劳全面发展。这既是对人的素质定位的基本准则,也是人类社会教育的趋向目标。学生是群体而不是个体概念,民办教育不是针对有钱人而办的教育,应遵循有教无类的原则,做到"一个学生都不能少"。民办高校要促进每个学生的发展,让每个学生都有获得感,并实现质量提升和价值增值。

实现学生的自由发展。实践不止一次证明,个人的自由发展是一切人自由发展的先决条件。民办高校要坚持以学生为中心,不把学生大脑当作被动接受知识的机器,而将其视为点燃的火把。学生是学习的主体,是教育活动的主体,民办高校教师应激发学生的学习兴趣,促进学生的个性成长。一方面,要使其坚定相信的力量,因材施教;另一方面,要让每一个学生拥有自由成长的权利,并以此提升自身的创新能力。

2. 教职工的发展

只有教职工队伍的建设水平上去了,民办高校才能实现真正意义上的高质量发展。民办高校人才培养质量好不好,关键看师资水平好不好;科研能力强不强,主要看教师的学术能力强不强。没有高水平的教师,民办高校很难培养出高质量的人才,也不会有高质量的研究平台,更无法很好地为社会服务。民办高校要想实现高质量发展,必须让优秀的人教优秀的人,要有一支数量充足、结构合理、能力较强的师资队伍,拥有一批学养深厚、实力雄厚的教授和具有高水平学术成果的学者。构建以学科带头人为领军、以骨干教师为重点、以优秀青年教师为重要力量的人才队伍,培养衔接有序、结构合理的人才团队和梯队,是民办高校高质量发展的关键。民办高校唯有实现高质量发展,使教师受益并促进其获得成长和取得进步,教师才会有更大的干劲为学校服务。因此,民办高校迫切需要完善教师成长体系,营造安居乐业、干事创业的氛围,搭建高质量的研究平台,建立完善的制度体系,以增强教师的归属感和获得感,并想尽办法提高教师的生活质量,促进教职工的人生发展和价值实现。

3. 领导干部的发展

学习不只是学生和教师的事,更是民办高校领导的事。民办高校领导也需要接受教育,也需要发展、进步与提升,他们应该向群众、学生和教职工学习。领导是人民群众的一员,应该从师生中来,到师生中去,始终谦虚谨慎,不断学习进步。民办高校的领导班子由三部分人员组成:一是举办者及其直接利益相关者,二是从公办高校退休返聘的领导、教授,三是学校自己培养成长起来的中青年干部。面对民办高校高质量发展的新问题,领导需要坚持与时俱进,持续充电学习,才不至于掉进经验陷阱和书本陷阱,从而不断提高自己的学习力、领导力、执行力和决策水平、管理水平。

四、民办高校高质量发展策略

民办高校应坚持以学生为中心的办学理念,以实际行动提升师生的归属感、获得感、体验感,增加学生的参与度,开展个性化人才培养,提高学生的幸福感。

1. 坚持以学生为中心,实施办学理念现代化策略

基于理念解析,高质量发展体现的就是新发展理念。如果没有新的发展理念,而一味地因循守旧、思想僵化,那么高质量发展就是一句空话。理念创新将给民办高校带来一场质量革命。教育是人培养人的活动,人是教育主体,是教育对象,亦是教育目的。培养人是根本任务,发展人是民办高校发展的本质需

要,人的全面发展是民办高校的价值追求。在民办高等教育教学中遵循以人民为中心的发展思想,应树立以学生为中心的理念,尊重高等教育规律和学生成长成才规律,以是否有利于学生的自由、全面发展为教育工作的标尺,切实落实"办一所对学生最负责任的大学""一切为了学生成人、成才、成功""教育创造学生价值"等办学理念。在专业选择上,应赋予学生对专业、课程的自主选择权;在课程教学上,应满足学生的兴趣和个人爱好,因势利导、因材施教;在学生管理上,不应用同一标准、同一模式机械地要求和衡量学生,应让学生选择不同的素质教育方案和服务措施,有效调动学生的学习自觉性和积极性,使其在知识、能力和素质上得到全面提升;在学校发展的战略选择上,应从百年树人的千秋功业出发,构建学校、教师、学生命运共同体,培养具有中国心、国际范、地方味、教育情的"四有"时代新人。这就决定了民办高校发展定位是坚持民办教育的"四有"定位。民办高校举办者要树立以教育报国为己任的理想和追求,坚持社会主义办学方向,办具有中国心的现代化民办高校;要面向世界,为推动构建人类命运共同体、促进全球治理体系变革和共同创造人类的美好未来,作出民办高校应有的贡献;要面向地方、面向产业,扎根中国大地办高等教育,使专业链对接地方产业链、创新链,低重心高质量办学;要面向未来,坚持百年树人的教育目的观,站在未来看现在,坚持长期主义,树立战略思维,摒弃功利心,做到功成不必在我,力争建设未来大学。

2. 增强师生的归属感,实施办学条件优质化策略

实施条件提升工程。民办高校应通过设立教育基金、兴办产业园区、发展校办产业、构建多元化融资机制等渠道筹集办学资金,增强"造血"功能,强化市场活力,为民办高等教育高质量发展提供有力支撑。例如,持续进行物质资本投入,改善办学条件,促进教学条件智慧化、教学资源数字化升级;持续增加日常教学、实验实习、师资培训、仪器设备等经费投入,联合行业企业为学生提供优质化应用型课程资源,引入国外优质师资、课程资源,搭建学生成长的国际舞台,让学生在享受优质办学条件和教育资源中增强获得感、成就感。

实施强师筑建工程。进入高质量发展阶段,民办高校资本结构从偏向物质资本积累转到偏向人力资本积累。民办高校应加大人力资本投入,提升师资教学水平和学术能力。民办高校的师资队伍建设已从"拾遗红利"转变到"青椒红利",将人力资本建设重心转移到自有专任教师队伍的建设上,有助于不断壮大专任师资力量,高效能推进教师队伍博士化、学术化、双师化、国际化;依法实现民办高校教师与公办高校教师的平等地位,对于解决教师社会保险、福利待遇等难题和稳定骨干队伍大有裨益。

实施校园美化工程。民办高校应推进生态校园、书香校园建设,培育人文情怀,注重融合校园精神文化、物质文化、制度文化、行为文化建设,丰富学校的人文精神、学术氛围、文体与实践活动,讲好民办高校的创业故事,传承好干事创业精神,打造独具特色的大学文化环境,从而丰富校园文化,构建优质隐性课程,增强学生的体验感,促进学生习惯的养成和素质提升。

实施教育民生工程。民办高校应树立人民共享的教育生态观,将人人共享优质教育作为其教育发展的根本目的,满足人民的多样化需求。栽下梧桐树,引来金凤凰,实施人才安居工程、暖心工程,用心、用情、用力解决好人才的"后院""后代""后路"和"前路""钱路""潜路"等问题。用爱心对待每个学生,用贴心做好人性化服务,尽心做好优质化保障,让学生学得安心、吃得放心、住得舒心。

3. 增强学生的获得感,实施教育内容适用性策略

建立适应性专业体系。民办高校应将教育教学的过程科学化、规范化、有效化,主动探索构建适应性办学定位、适应性区域产业发展、适应新时代学生学习需求的专业教育体系。民办高校的专业设置要从"速成取向"向"精致取向"转变,发挥办学机制灵活这一优势,建设一批符合学校办学定位、对接地方产业链的优势特色专业集群。民办高校应充分考虑就业市场供求关系的平衡度和滞后性,深入开展市场调研,根据就业岗位(群)→专业方向→专业→学科或跨学科的专业设置逻辑,精准设置专业;利用体制机制优势,发挥对市场的灵敏反应作用,提前布局符合办学定位及经济社会发展需求的新专业,提高专业设置的前瞻性;优化专业建设资源配置,搭建师资队伍,提高专业结构的适配度。

建立适应性培养体系。民办高校应强化产教融合,推进政、校、行、企四方聚合联动,整合产、学、研、训、创等资源要素,合作研发项目、案例、教材、课程等资源,共建实训基地、实验室、研发中心、创客空间、产教园区;发挥民办市场的活性优势,开发灵活的课程项目,设立微专业,将新技术、新产业、新业态、新模式等融入教育内容,建立人才培养方案动态调整机制,结合区域市场动态需求培养实用型人才;推动学分制、弹性学制改革,打通正式学习和非正式学习、学科课程与职业课程、学历教育与非学历教育的隔离墙,建立灵活的培养机制。基于民办高校应用型人才培养需求以及体制机制的灵活性,民办高校应广泛开展跨学科、跨院系的人才培养活动,通过打破院系限制,以在线课程制作、教师组合授课等形式,促成"跨学科课程包"等新型育人形态;还应探索跨学科及校

企共同构建的培养组织,以问题、项目等为导向,协同制订培养方案,组建教学团队、虚拟教研室,建立行业学院、产业学院、创业学院、创意学院,进行培养单位组织重构,改进育人实践。

4. 增强学生的体验感,实施教育方式智慧化策略

树立智慧化理念。民办高校应贯彻新时代教育信息化发展理念,以智慧启迪智慧,突出实效性,以新一代信息技术与教育教学深度融合为主线,以应用驱动和机制创新为重点,以智慧环境、智慧学习模式、智慧教育制度为保障,面向学生的智慧学习体验,打造人机结合、人网结合、以人为主的融合创新的智慧化系统,构建智慧教育发展新生态,实现常态课程智慧化、智慧课堂常态化,促进育人过程智慧化、教育管理智能化、教育服务精准化、人才培养个性化、治理能力现代化,支撑民办高校高质量发展。

构建智慧化生态。民办高校应实施教与学创新行动,实现教学智慧化;实施智慧教室、智慧实验室、智慧图书馆、智慧学习空间建设行动,实现学习环境智慧化;实施教师数字素养提升行动,用智能助推教师队伍建设,实现人才队伍智慧化;实施教育优质资源建设工程,实现学习资源智慧化;实施教育治理能力现代化保障工程,实现教育管理与服务智慧化。民办高校还应以智慧环境、智慧学习模式、智慧教育制度为保障,形成智慧教学、智慧管理、智慧评价、智慧科研、智慧服务等信息技术与教育业务深度融合的智慧化教育生态,全面提升民办学校的智慧教育水平与综合办学实力。

5. 增强师生的参与度,实施治理体系民主化策略

全面加强党的领导,健全法人治理结构。民办高校应完善董事会(理事会)领导下的校长负责制,实行理事会决策、院务会执行、党委监督和保障的领导体制;健全学术委员会、教授委员会等议事或辅助决策和咨询机构,使行政管理与学术管理相分离,实现专家治校、教授治学;完善以工会组织为桥梁、以教职工代表大会制度和学生代表大会制度为保障、以校长开放日为平台的民主管理和民主监督机制;成立仲裁委员会和学生申诉委员会,畅通师生反馈信息渠道,体现学校的人民性和治理的民主化;注重激发师生员工的主人翁意识,增强认同感,调动积极性,保障师生的知情权、参与权、监督权和建议权,使师生员工自觉成为推动学校发展的强大力量。另外,民办高校还要学会凝聚校友力量,同心协力建设美好家园。

全面推进依法治校,建设现代学校制度。民办高校应从严规范招生行为,

依法健全法人财产权制度,严格执行国家收费制度和高等学校会计制度,建立教职工工资和福利待遇的提升机制,依法为教职工缴纳社会保险费;成立监事会等独立的内部监督机构,赋权监事会,建立起权力部门、执行部门和监督部门之间的相互制衡机制;全面加强制度建设,与时俱进完善学校章程,奠定学校依法自主办学的基本准则;完善学校各种组织(委员会)的基本规程、会议制度、议事规则等;构建人事、财务、教务、学生事务、后勤等多方面的行政管理制度;健全学校各项工作质量标准。

强化精细服务全面赋能,健全学校运行机制。民办高校野蛮式生长、扩张式发展的阶段已经过去,正进入精细化服务、内涵式发展的新阶段。民办高校应完成由"科层管控"向"扁平赋能"的转变,健全学校内部机制,促进各种资源整合,降低管理重心,减少管理层级,提升基层培养单位的主体地位,并且在学校章程中就二级学院在人才培养、专业建设、人事调度等方面的权力配置和运行机制进行详细规定,将二级学院的权力配置纳入规范化、法治化轨道;告别家族化管理,面向五湖四海,得天下英才而用之,推动行政管理队伍和学术研究队伍的职业化发展,建立职业化行政团队,加强学术组织建设,开展规范化、民主性治理,建设服务型高校;从重服务覆盖到重服务体验,从被动服务到主动服务,在各成员之间建立相互支持的保障制度并营造浓郁的文化氛围。

以服务学生为导向,创新学生工作模式。民办高校应改变其"保姆式"的传统管理模式,由自我封闭向面向社会开放转变、由校本管理向生本服务转变、由学生作为对象被动管理到学生作为主人主动参与转变;强化学生的服务意识、自主意识,不是让学生听话,而是让学生的能力和素质得以提高,培养其创造力,促进每个学生的个性得到最完善的发展,成为最好的自己。

6. 注重学生的多样化发展,实施特色化策略

关注学生的个性化、多样化发展,开展特色化教育教学。大部分民办高校面对的是"非高分学生"生源,这就要求民办高校进行教育教学改革,针对不同学生因材施教,办出自己的特色。每个学生都有自己独特的个性和潜在的能力,民办高校应转变教学理念,注重对学生的个性开发。这就决定了民办高校将与公办高校"错位"发展,基于自主办学的空间,多一些自选动作,从学生的需求出发,通过人性化管理和多样化课程设置,给予学生更多施展个性的可能,真正办出属于自己的特色教育。

独特的存在价值决定了民办高校办学机制的独特性。民办高校存在的价值,不在于可有可无的补充地位与作用,而在于办学体制的创新,在于通过追求

中国特色一流民办高校的建设目标,闯出一条独特的发展路径。因而,民办高校"创特色、上水平、争一流"成为一段时期的高质量发展主题。相较于我国公办大学,民办高校要在办学体制与管理体制上进行较大的改革;相较于西方私立大学,民办高校则要立足中国实际形成自身特色,结合机制灵活、机构精简、人员精干、适应性和市场性强、决策高效、客户中心等特征,遵循民办高等教育办学规律,按照高校本身的职能来建立办学体制和管理机制。

独特的办学逻辑决定了民办本科高校发展路径的独特性。纵观民办教育创业历史和发展道路,民办高校的创办和发展受到"一条主线(创新创业精神)和两种逻辑(公益逻辑、市场逻辑)的影响。公益逻辑强调社会效益,保持大学理性;市场逻辑旨在实现盈余,激发办学活力,双重逻辑互补有利于保证学校存活、壮大且不发生'使命漂移'"(阙明坤,2020)。潘懋元、邬大光和别敦荣(2012)联合撰文指出:"第三条道路是我国在一定历史时期民办高等教育发展的主渠道。这是一种将教育的公益性与投资的营利性有机相统一、符合现实国情要求的特殊的民办高等教育发展模式。"

独特的发展路径决定了民办高校育人模式的独特性。民办高校以强烈的优化意识,从激烈的市场竞争中脱颖而出,到地方产业和区域服务中去,形成了创新意识、创业精神,强化了应用型人才培养定位;使专业链对接地方产业链、创新链,构建了应用型专业集群,拓展了产、学、研一体化发展路径;基于创新创业的内在基因,越来越多的民办高校锁定创业型大学的发展目标,不断加强与产业界的链接,积极围绕区域经济社会发展的需求推进技术创新,并持续不断地提升服务能力,在构建创新创业人才培养体系中发挥了较大的作用。

第二节 "黄海"倾心打造立德树人的大思政"金课"

青岛黄海学院落实立德树人的根本任务,用心、用情、用智、用力推进中华优秀传统文化、红色文化"培根铸魂",坚持以雷锋精神兴校育人,以抗疫精神激励前行,通过凝聚全校之力,打造出有根、有魂、有温度、有深度的大思政"金课"。

一、用中华优秀传统文化涵养学生

坚定文化自信,将马克思主义基本原理同中华优秀传统文化相结合,打造有根的思政课和课程思政,形成具有"黄海"特色的中华优秀传统文化显性课程群和隐形课程群,实现了课程思政和思政教育"润物无声"的效果,培养学生做中国人的志气、底气和骨气,夯实其发展根基和文化底蕴。面向全体学生开设中华优秀传统文化概论课,开发并上线了《诗》语人生、汉字中国等通识教育选修课程,结合商科专业人才培养开发并上线了儒商之道、人文印记、礼遇未来等特色专业课程,艺术教育类专业结合青岛区域文化特色开发指尖上的非遗——中国传统手工艺鉴赏、"舞"彩华夏——中国民族民间舞赏析、用艺术讲述青岛故事——青岛剪纸、画说、艺术创想、带你看电影等系列课程,受到师生好评,并辐射至其他高校和社区。学校重视中华优秀传统文化隐形课程建设,将中华传统诗教、礼教、乐教与践行社会主义核心价值观相结合,开创"礼乐诗书画舞六艺并举,论孟大学中庸四书奠基"的中华文化育人模式,定期举办"国学经典诵读""国学进课堂"等活动,并设有国学堂、道德讲堂、孔子学堂、儒商学堂、诗书画廊、七十二贤文化长廊等教育平台,开办了十多期国学研修班,辅以《论语》《大学》《中庸》《孟子》《诗经》《道德经》《黄帝内经》《传习录》以及音乐、舞蹈、书法、茶艺、古筝、礼仪、苏绣等国学相关课程。学校获"中华诗词培训基地""齐鲁诗教先进单位""最具人气孔子学堂奖""青年之声国学教育示范基地"等荣誉。

二、用雷锋精神引领学生成长成才

学校这堂雷锋精神思政课已上了 28 年,建成了雷锋纪念馆、雷锋塑像、雷锋讲坛、《雷锋》杂志工作站"四位一体"学雷锋教育基地,完成"学雷锋、引雷锋、做雷锋、育雷锋"四部曲,打造出雷锋精神进校园的"黄海模式"。学校将雷锋精神融入教育教学,建立了一支由雷锋精神研究专家、雷锋生前战友、雷锋班班长、全国劳模等专家组成的教育团队,每年到学校授课;聘请了雷锋生前所在团官兵直接参与新生军训,将雷锋精神融入军训全过程;聘请了雷锋班第 21 任班长李桂臣组建专职队伍进行国防教育和雷锋精神教育;开设了雷锋的人生观修养课程。学校将雷锋精神融入科学研究,发表或出版弘扬雷锋精神的相关论文或图书等。学校将雷锋精神融入党建思政工作,形成了"以雷锋精神引领创先争优"基层党建品牌。学校还将雷锋精神融入学生的日常学习和生活,开展以"立德行动"为主题的学雷锋活动,实施学雷锋"六个一"工程,开展"校园雷锋十百千"活动,组建"小黄锋"志愿服务团队、"锋刃"国旗护卫队和"锋火"雷锋精神宣讲团,打造"雷小锋种子工程"志愿服务品牌,开展"有为青年——黄海故事荟"项目引领活动,介绍无臂画家刘仕春、见义勇为的刘名利等校园雷锋典型人物,其中,"以雷锋精神兴校育人"被评为山东省校园文化品牌项目。

三、用智慧思政筑牢学生信仰之基

学校胸怀"国之大者",用报国红心打造有灵魂的智慧思政课,建设了新时代红色文化实践教育基地,让思政教育"活"起来,让红色文化看得见、摸得着且记得住;建设了思想政治教育 VR 实践教学中心、红色文化 VR 交互体验馆、红色教育 3D 环幕影院、中国共产党人精神谱系文化展廊等,充分利用 VR 头盔及眼镜、3D 环幕、红色教育一体机、互动体验机等硬件设备和上万套互动学习资源,对学生进行沉浸式思政课红色教育,有效地推进了信息技术与思想政治教育实践教学的深度融合,实现了思想政治课实践教学全覆盖,解决了思想政治课实践教学难的问题。

提升思想政治教育的实效性。学校开发并上线了中国共产党人的精神、中国共产党党史、社会主义发展史等系列课程,将红色文化融入课堂教学,找准典型的红色故事、红色历史、红色人物,在话题讨论、课堂辩论、案例分析、情景表演过程中设置恰当议题,让真理之光既温润如玉又灼灼其华;将红色文化融入实践教学,利用多个时间节点,开展红色纪念活动,通过虚拟仿真 VR 红色资源,把国内红色历史文化资源引进校园并立体化呈现,以活泼的形式在学生心中奏响主旋律,提升了实践的高度,拓宽了实践的广度,从而达到传承红色基因并实现全员、全方位、全过程育人目的。

四、用抗疫精神深化学生人文关怀

学校用"爱生情怀"打造有温度的抗疫思政课。在抗击疫情中彰显出的"人民至上、生命至上"理念,是对马克思主义人民立场的最好诠释。2022 年年底,学校突发疫情,本着一切为了学生的原则,学生在哪里,学校的关心、关爱和服务就跟到哪里。为了保障学生的健康安全,"黄海"教职工全力以赴,不计成本,不惜代价,确保了各项防疫举措落实到位,成功打赢了这场疫情防控阻击战。疫情防控工作专班争分夺秒,开展流调溯源工作和密接排查工作,以最快速度完成了涉疫师生的管控、转运和隔离工作。核酸检测医护人员星夜集结，与教师志愿者一起在凌晨4点开展全员核酸检测，与时间赛跑，与病毒较量。后勤保障专班迅速反应，校内餐厅毫不停歇，配餐公司补齐缺口，各种抗疫物资源源不断地有序分发，为全校师生筑起一道坚实的抗疫保障城墙。辅导员全部返校，入住学生公寓，了解学生情况，安抚学生情绪。在校教师和部分学生甘当志愿者，不分昼夜、不畏严寒，协助医护人员开展核酸检测，协助后勤"包干包片"对21栋宿舍楼进行管理并提供服务工作，全力保障了25 000名学生的生活物资需求。教学部门迅速实现线上、线下教学"无痕"转换，线上教学秩序井然，使得教学质量得到有效保障。爱心企业和广大校友纷纷献出爱心，彰显人间大爱，诠释了责任担当。在抗疫过程中，学校把学生放在心上、捧在手里且高高举起，真正形成了"以生为本、以爱为源、同心抗疫、共克时艰"的"黄海"抗疫精神。疫情防控期间，"战'疫'有我"成了最响亮的口号和最坚实的行动，1 050份抗疫请战书、2 907名抗疫志愿者组建了"小黄锋"志愿服务队。其中，何瑞星同学为此斩断青丝，驰援武汉抗疫一线；董真真同学披甲逆行，毅然选择进入确诊患者病房负压工作；更有高苑、刘子怡等千名学生勇当抗疫志愿者，计算机科学与技术专业学生李德银设计了"智能提醒"程序，运用"大数据"赋能校园疫情防控……在抗疫志愿服务一线，到处都可以看到学子们青春的身影，有力诠释了当代大学生有责任、敢担当、能奉献的时代风采。抗疫思政课见证了大学生的精神成长。他们把战"疫"作为思想教育、生命教育、责任教育的生动教材，进一步坚定了爱党、爱国、爱社会主义的信仰，增强了尊重生命、爱惜生命的人生智慧，也增强了家国情怀和使命担当。

五、用人力物力构建大思政格局

学校坚定社会主义办学方向，建立健全了思想政治工作体系，凝聚全校之力办好思政课。校党委领导班子主抓思政课程方案设计，夯实思政课建设机制。学校"一把手"冲锋陷阵，带头上好、上活思政课堂，将思政课程和课程思政建设纳入学校党建工作考核、年度目标考核体系，在人力、物力、财力等方面持续提供政策支持和经费投入，构建了"三全育人"体制机制，着力打造了党政领导、一线教师、辅导员、行政管理人员、后勤工作人员广泛参与的育人共同体，统筹推进"三全育人"工作。用好、用活一切资源，建构实践育人"大课堂"，实现了让思政课落地"接地气"，让学生体验到新时代"大思政课"。落实学校《推进"三全育人"工作实施方案》《关于加强学生教育管理和服务工作的方案》

等,将思政教育贯穿学生工作的全过程;落实学校《课程思政建设实施方案》,用"大思政课"推进全校各专业教学改革创新,使各类课程与思政课程同向同行,实现了显性教育和隐性教育的相互统一。

第二章 | 以文化人

第一节　质量文化建设与民办高校高质量发展

　　文化是学校的灵魂。就学校及其活动的本质而言,学校是文化之所,为传承人类优秀文化提供了场域空间。教育属于一种文化现象,教育的力量源于文化发挥的作用,可以把自然人培育成文化人。教育也是一种文化的合流、文明的交汇和思想的交流。教学作为一种文化活动,则属于文化实践和新文化构建。其中,教师教学是一种文化互动和文化内化。教育质量是学校文化建设的必然结果。提高教育质量,最需要坚守的是教育思想,最关键的是变革人才培养模式,最具体的对策是文化创新。从这个意义上来讲,学校对质量的追求实质上是对文化建设的追求。文化孕育质量,学校质量管理的最高境界是文化管理,质量提升的最佳路径是依靠文化的支撑。这些都是一所学校发展的美好理想,是一个需要不断追求和不断接近的梦想。

　　没有文化气息的校园不能称之为学校。学校与工厂的区别就在于学校用文化培育"文化人",而不是生产储存知识与技能的"机器人"。一所学校之所以经久不衰,就在于其文化的一以贯之和与时俱进。在教育实践中形成的文化积淀,不因校长的更迭而中断,从而成为学校得以保存自我的根基。一所学校之所以能够成为百年名校并人才辈出,其根源就在于学校文化的凝聚力和固有"道统"的传承作用,而不在于其"校名"为何。硬件设施、办学经费和师资队伍,是一所学校得以生存和发展的基本元素,但不是决定性的元素,只有在正确的文化引领下,它们才能得到最佳的组合,才能产生最大的效益。

一、概念释义

什么是文化？广义上它指人类社会历史实践过程中所创造的物质财富和精神财富的总和，而狭义上是社会意识形态及与其相适应的制度与组织机构。可以说，文化属于一种行为以及行为背后的价值取向。学校文化是长期以来学校形成的对于教育的理解，以及为这种理解所产生的行为和所付出的努力。作为一种独特的文化形态，学校文化可以使师生受其规范，内化为自觉行动，形成良好的学习、生活和工作习惯，从而固化成为人生的存在方式。

学校文化是在学校发展中、在长期的教育实践中，所有教职工和学生创造、积淀并共同遵循的办学理念、价值观念、学校体制机制、学校作风与传统、行为规范和规章制度的总和，还包括体现上述内容的各项物质载体和行为方式。其中，起统领作用的是学校的办学理念和价值观。办学理念指的是为什么要办学、办什么样的学、如何办学，其体现的价值观则是在办学过程中判断学校是否正确贯彻办学理念的标准。不同的办学理念和价值观，会产生不同的学校文化。这就是一所学校之所以区别于其他学校的原因，也是一所学校在教育市场竞争中战胜其他学校的原因。

正如美国哈佛大学前校长詹姆斯·布赖恩特·科南特（1988）所说，大学的荣誉，不在于它的校舍和人数，而在于一代一代人的质量。教育质量不是从不具可比性的公立高校比较中得出的结论，也不是单纯依赖同类院校参照出来的衡量标准。教育质量应致力于满足消费者的愿望和需求，衡量高等教育质量高低的标准应该是"价值增值"，而非其他。

质量文化是学校文化的核心内容，是指学校师生员工在教育实践中形成的关于质量的价值取向和行为方式。学校文化建设应围绕提高教育教学工作质量、促进学生全面发展、培育良好学风教风和校风开展，也就是说，学校文化建设要以确立组织的共同愿景为目标，这个共同愿景就是构建学校的质量文化。

二、学校质量文化建设的必要性

实现文化强国、质量强国战略目标，需要加强质量文化建设。现如今，文化与质量日益引起人们的关注，文化强国和质量强国均上升为国家战略。以质取胜是各行各业的生命线。作为公益性文化事业的教育，如果脱离质量文化，发展将是没有灵魂的。

质量文化建设是民办高校实现可持续发展的迫切需要。民办高校的生存危机表面上看是生源危机,但生源危机实质上是由人民群众对民办教育集体的信任危机引发的,信任危机又是由民办教育的教学质量危机决定的。造成民办高等教育质量危机的原因是多方面的,有一条常被人忽视,却隐性地起着制约作用,那就是民办高等教育质量文化建设落后。没有自己的文化积淀,对民办高校的影响是深远而持久的。

质量文化是质量管理发展到一定阶段的产物。20世纪末,美国鉴于日本工业的崛起,提出了"质量文化"的基本概念;进入21世纪,强调"质量文化是企业迈向成功的基石"。质量是学校的生命,文化是学校的灵魂。学校的发展是基于质量的育人文化建设。学校在质量上的追求实质上是对文化建设的追求。文化孕育质量,学校质量管理的最高境界是文化管理,质量提升的最佳路径是依靠文化的支撑。学校文化是一所学校在长期教育实践中逐步形成的趋于稳定的教育内在与外在的行为及行为背后的教育价值取向。

三、教学质量文化内涵

靠什么去形成自己学校的核心竞争力呢?答案是质量文化。民办高校教学质量文化是指民办高校在长期办学实践中围绕教学质量问题所产生的质量精神、质量行为、质量制度及其物化形式,是关于教学质量的内在制度(潜规则)和外在制度(显规则)互动的和。

1. 教学质量文化内涵之一:一个中心——教学质量

学校所有的人事结构、意识活动、行为方式、规章制度、物化形式等应该指向教学质量这个中心,保障教学的中心地位,把教学改革作为学校各项改革的核心,把提高教学质量作为永恒的主题。没有教学的中心地位,不以提高教学质量为目的,何谈教学质量文化。

2. 教学质量文化内涵之二:两种规则——潜规则与显规则

教学质量文化是指民办高校在办学的实践中形成的关于教学质量的内在制度(潜规则)和外在制度(显规则)互动的和。

从狭义上看,文化是人们不约而同的行为,潜规则才是真正的文化。民办高等教育教学质量文化就是民办高校的师生员工围绕教学工作,以提高人才培养质量为目的的不约而同的行为,这不是一种外力的强加,而是一种自觉的行为、风气,具体表现为学校的校风、教风和学风。

3. 教学质量文化内涵之三：四个层面——物质层、制度层、行为层和精神层

教学质量文化的结构特征由物质层、制度层、行为层和精神层四个层面组成，也可以说，教学质量文化具体包括物质文化、制度文化、行为文化和精神文化。教学质量文化建设要通过质量理念化、理念制度化、制度文化化、文化行为化，促进价值的内化与意义的共享，最终实现学校的质量追求。

教学质量文化的物质层——物质文化，主要包括办学设施设备、师资力量、学生素质、校园环境、学校形象等。有好专业、好师资、好学生、好设施、好环境、好就业，培养出好人才，方可谓好学校。

教学质量文化的制度层——制度文化，是塑造师生员工教学质量行为的主要机制，是为实现质量目标和质量方针对师生员工的规范化要求，包括质量保障体系、组织架构、规章制度和运行规则。

教学质量文化的行为层——行为文化，具体表现为团队和个人的做事方式，是学校的校风、教师的教风、管理人员的作风和学生的学风。在种种教学行为文化中，最需要强调的是质量文化的三个核心行为方式要素，即领导作用、团队的学习创新和员工的自我管理行为。

教学质量文化的精神层——精神文化，是学校群体的质量意识和个体的价值观念。就民办高校而言，构筑独具特色的质量精神文化，需要树立教育的公益性目的、正确的教学质量价值观、办学特色意识、质量精品意识、学生顾客意识、师生团队意识以及质量忧患的危机意识、市场竞争意识等。这是质量文化的核心要素。

4. 教学质量文化的变革抗性

通过质量文化的四个层面可以明显看出，精神层属于本土文化的潜规则，对整个质量文化建设有决定作用，且一旦形成不易改变；物质层、制度层和行为层属显规则，容易受外来文化的冲击，相对容易改变，并不断影响潜规则，促进精神层渐变。同文化变革的抗性一样，质量文化变革从物质层到精神层逐渐增强。当然，质量文化的纬度一经改变，其持续的时间与改变的难易程度呈正比，越难改变的在改变后持续的时间越长。由此我们得出：民办高校的质量文化建设不能故步自封，在创业时期形成的质量文化需要扬弃，更需要在不同的发展阶段汲取不同外来质量文化营养，可以先从易改变的物质层和制度层入手，不断改善教学条件，加强教学环境和教学设施建设，建立健全教学规章，优化教学

行为,有意识地加强教学质量文化建设,形成创新型、学习型的持续改进的卓越教学质量精神文化。

5. 民办高等教育教学质量文化的发展定位

借鉴竞争性文化价值模式,将灵活与伸缩、控制和稳定、内部与合作、外部与竞争四个要素分别界定为民办高校内部的民主、专制、学校、师生四个关注维度,结合质量文化精神层、行为层、制度层和物质层四个层面可找出当前民办高等教育教学质量文化所处的类型和位置。具体见表2-1所列。

表2-1　民办高等教育教学质量文化所处的类型和位置

民办高校关注的角度	质量文化层面			
	精神层	行为层	制度层	物质层
民主(灵活)	实现自我获得尊重	主动进取	灵活授权	流程式管理
专制(控制)	打工思想但求无过	被动稳定	死板控制	智能式管理
学校(举办者)	求生存	打小算盘	金字塔式垂直管理	成本指标
师生(顾客)	求发展	客户满意	矩阵式扁平化管理	学校、教师、学生共赢

民办高校要获得长期发展,必须树立顾客满意质量意识,围绕学生和教师双主体,进行管理授权和流程式管理,营造民主、和谐的氛围,在学生成才、教师进取和学校发展中实现共赢。

四、教学质量文化建设的主体

从质量文化建设的主体看,民办高校要着力构建独特的管理者文化、教师文化和学生文化。关注管理者、教师、学生所共同认同、自觉遵守并更新的教学质量文化,是人们普遍认为的创造成功民办高校的基本规律。

1. 领导文化——管理文化

质量文化建设强调领导的作用,民办高校建设质量文化的关键要素是举办者及其他高层决策者。领导的教学质量文化主要是指学校领导和管理者的教学质量战略意识、忧患意识和精品意识。

想建设学校的教学质量文化,董事长(理事长)、校长应从以下几方面着手:第一,如何转变全体教职工的教育教学观念,视教育为一种特殊的服务,树立教学全面质量管理的理念;第二,如何正确地看待学生及相关利益者,包括干部和教职工如何服务和管理家长、学生,干部如何服务和管理教师、职工,教师和职工如何在受到服务和管理的同时履行对学生教学服务的职责;第三,如何考虑对社会和环境的教育教学责任。

2. 教师文化——教学文化

学校应以教师为本、以学生为体,培养教师对职业的自豪感,促进教师专业化发展,实现专业成就感,赋予教师参与管理的权力,营造开放、民主的学习氛围,构建真正意义上的学习性组织,形成具有民办高校特色的教师质量文化。

3. 学生文化——学习文化

在学生学习文化建设领域,青岛黄海学院进行了大量有益的探索,形成了自己的三大特色,并取得了明显成效。一是森林效应,空旷的田野里是长不出参天大树的,只有在茂密的森林中才能出现比、学、赶、帮、超的情形。二是木桶理论,木桶能盛多少水,不取决于最长的那块木板,而取决于最短的那块木板。三是心手相应。苏轼说:"予不能然也,而心识其所以然。夫既心识其所以然,而不能然者,内外不一,心手不相应,不学之过也。"纸上得来终觉浅,绝知此事要躬行,因此,应使教学实战化、学习实践化。

五、教学质量文化建设的客体

从质量文化建设的客体看,民办高校应着力构建独特的课程文化、课堂文化、专业文化、实践文化、学术文化,从而形成卓越的教学文化。

1. 课程文化

教学质量文化建设重在塑造课程文化。课程是一种文化选择,课程设计是文化选择的过程。学校一切自觉的活动都是课程,所以,课程包括显性课程和隐性课程。

2. 课堂文化

从课程走向课堂的过程是教学的质量化过程。课堂深处是文化,课堂教学的质量在于课堂文化的力量。课堂文化建设要以学生为本,着眼于学生的发展,着力构建有内容、有生命、有特色的课堂文化。课堂文化建设一定要关注第二课堂,关注学生成长。成长比成绩重要,成人比成才重要。

3. 专业文化

一所没有专业文化的学校,就像一辆没有动力的汽车,缺乏驱动奔跑的动力和勇往直前的激情。那么,如何构建民办院校专业文化呢? 以教师为主导,积极开展专业教学改革;以学生为主体,营造专业文化育人环境;以就业为导向,把企业文化引入专业文化建设;加强特色专业建设。

4. 实践文化

学校要加强校内实验室和实训基地建设,强化实践教学,构建"全真"的实践教学环境。

5. 学术文化

学校研究学问者属学术共同体,能够营造学术氛围;教师以学术为生存状态,始终将前沿的知识教给学生;学生应有研究学问的兴趣,学无止境,并终身好学。

六、教学质量文化建设方略

学校应综合文化建设和质量管理两个方面来实施建设方略,即基于文化的质量管理和基于质量的文化建设。

1. 基于文化的质量管理——管理力模型

建立在文化自觉和共同文化愿景基础上的质量管理是一种质量价值目标。全面质量管理核心的文化精神是以学生为本、以质量至上、以教学为中心的。基于文化的质量管理是全员、全程、全方位的全面质量管理。全面质量管理的基本运行模式是质量持续改进的 PDCA 循环,通过不断循环巩固成果实现改进和提高。

2. 基于质量的文化建设——文化力模型

依托质量管理形成的文化力是学校内在的精神推动力,构筑学校以质量文化建设为主的文化力包含四个模块:质量文化的影响因素、质量文化的定位与策略、质量文化的组织管理与激励促进、质量文化的测评与持续改进。

教学质量文化影响因素。美国心理学家勒温曾提出一个关于人类行为和环境关系的公式:$B=f(p, E)$。B 表示人的行为,p 表示个体的个性、素质等,E 表示个体所处的环境,即人的行为是个人素质与环境的函数。环境因素的任何微小的变化都会导致人的行为和管理者决策的变化。实际上,教学质量就是师生行为、素质(群体努力)与教学质量文化环境相互作用的结果。

教学质量文化领导力。"企业文化管理之父"埃德加·沙因(2004)说:"领导者所要做的唯一重要的事情就是创造和管理文化,领导者最重要的才能就是影响文化的能力。"

教学质量文化执行力。文化力的终极归属是要变革成为执行力,否则起不到任何作用。那么,文化究竟如何才能够变成具体的、可执行的内容呢?应建立教学质量文化的推进网络和机制,形成可操作的质量管理标准、规范和流程,加强内部培训,建立激励机制。

教学质量文化创新力。文化在于创新创造,成功的质量管理就是文化的创新。教学质量文化的领导力、执行力、创新力构成一个不断往复的循环,每一次循环都是持续改进的过程,形成了学校的文化力,推动学校教学质量不断提高。

第二节　"黄海"文化之我见

一、"黄海"三问

《西游记》里的唐僧每到一个地方,无论碰到妖怪还是国王,他都会说:"贫僧唐玄奘,自东土大唐而来,去往西天拜佛求经。"这句普普通通的话到底有什么魔力,让唐僧念念不忘?

这句话回答了哲学里的三大问题——我是谁?从哪里来?到哪里去?这就是人一生的轨迹。唐僧这样做,并不是为了介绍自己,而是一遍遍地重复自己的使命,明确自己的人生意义。每个人、每个单位都应当问问自己并找到自我,从而看清未来的路。

我是谁?从哪里来?到哪里去?"黄海"是谁?"黄海"从哪里来?"黄海"到哪里去?

1. "黄海"是谁?

"黄海"是青岛黄海学院,是一所民办本科高校。学校是干什么的?培养人。为谁培养人?为党育人、为国育才。培养什么样的人?培养德、智、体、美、劳全面发展的社会主义建设者和接班人,培养担当民族复兴大任的时代新人。

如何培养人？落实党的教育方针,教育为人民服务、为现代化建设服务,教育与生产劳动和社会实践相结合。"黄海"不仅有着学校之共性,还有其个性特征。"黄海"起步于职业培训,发展于中等和高等职业教育及自考助学,现致力于开展中国一流民办本科教育。其办学之初秉承黄炎培先生"使无业者有业、有业者乐业"的职业教育办学宗旨,通过"校企结合的军事化管理"培养了大批"爱国敬业、德高艺精"的时代工匠;升格为普通本科高校后,"黄海"践行"知行合一"的校训,培养了大批应用型人才。

"黄海"具有民办的机制。民办既是优势也是劣势。其创业的征程有着草根崛起的艰辛和不易,酸甜苦辣咸皆为营养;其成长的过程具有旺盛的生命力,野火烧不尽,春风吹又生。但无论如何,不可否认其为新时代教育和经济发展贡献了伟大的改革实践,倔强而专注、锲而不舍,以进取、忧患、创新、拼搏的意识与精神开创未来。

"黄海"是大学,大学是学术共同体。蔡元培如是说:"大学为纯粹研究学问之机关,不可视为养成资格之所,亦不可视为贩卖知识之所。学者当有研究学问之兴趣,尤当养成学问家之人格。"既然是普通本科高校,就要遵循高等教育规律和人才成长规律,按照学术规范来办大学。

学校是学生学习成长共同体。学校应紧紧依靠师生创造历史,坚持全心全意为学生服务的根本宗旨,时刻牢记为人民谋幸福、为民族谋复兴的初心和使命,一切为了学生,为了学生的一切,为了一切学生。

2. "黄海"从哪里来?

不忘来处,方有去处。落其实者思其树,饮其流者怀其源。往前走,不忘走过的路;走得再远,也不能忘记为什么出发!

20世纪90年代初的某个春天,刘常青董事长怀着"兴天下之利 ,莫大于兴学"的赤诚之心,受党和国家的政策激励,受家中长辈"利他"朴素思想的影响,开始兴办教育。他艰苦创业,以学养学,校企合作,实现滚动发展。

1996年建校至今,学校经历了青岛经济技术开发区黄海职工培训学校、青岛经济技术开发区黄海职业技术专修学校、青岛经济技术开发区黄海职业学校、青岛黄海职业专修学院、青岛黄海职业学院、青岛黄海学院的校名演变,完成了"非学历培训—中等职业教育—学历文凭考试—自考助学—高等职业教育—普通本科教育"的战略转型。

建校之日至2003年为第一个七年,学校致力于办好中等职业教育,荣称全国重点职业学校;后成为高等教育学历文凭考试试点并进行自考助学,历次参加统考的平均分、及格率、毕业证拿证率均居青岛 22 所学校之首,获青岛八连冠的殊荣。

2004 年至 2010 年为第二个七年,学校进入高等职业教育阶段,高职高专人才培养水平评估获优秀等级。

2011 年至 2017 年为第三个七年,学校致力于办合格的本科教育,2017 年顺利通过教育部本科教学工作合格评估。

2018 年至 2024 年为第四个七年,学校进入内涵建设、质量提升的新阶段,获批山东省应用型本科高校建设单位,2024 年下半年接受教育部本科教育教学审核评估。

28 年的历史积淀,28 年的文化传承,28 年的超越自我,学校在改革发展的大潮中崛起,在艰苦创业的历程中壮大,在千锤百炼的奋斗中成就师生。28 年,风一程、雨一程、山一程、水一程,在充满艰辛、喜悦、感动中踏浪前行,始终自强不息、自我探索、自我奋斗,为区域经济社会发展培养了 17 万余名技能型、应用型人才。

3. "黄海"到哪里去?

教育者,非为已往,非为现在,而专为将来。学校面向未来,锁定目标,专注向前,不达目标不罢休!学校始终坚持"百年黄海、千年大学"的愿景追求,坚持"办中国一流民办高校"的目标定位,坚持"拥海济世、百年树人"的使命担当,全面实施高质量发展战略,努力实现高起点规划、高标准建设、高质量服务,为学生成长成才赋能,为区域经济社会发展贡献"黄海"力量,办令人民满意、让社会尊重的大学。

学校始终坚守教育初心,怀揣教育情怀,统筹政、校、行、企多方资源,推进教育链、专业链、人才链与产业链、创新链、孵化链有机衔接,融合产、学、研、创、训、商、居等要素资源,搭建"专业+产业+创业"融合、校企"双元"协同育人的物理空间和实践平台,以民办机制建设校城融合、产教融合的园区大学,办一所现代化大学。

二、"黄海"故事

回首在"黄海"的 25 个春秋,我的记忆里闪烁着招生、选聘、带班、搬家、上课等碎片化的故事。这些故事有着变与不变的规律,变的是校名、地点,变的是人、事,不变的是对教育事业的忠诚、对学校的热爱。这些故事折射了"黄海"

的文化、话语体系和价值观,展现了自强不息、团结奋斗、知难而上、勇往直前的"黄海"精神,包括信念坚定、自强不息的拼搏精神,爱校如家、团结奋斗的团队精神,精益求精、知难而上的创新精神,坚忍不拔、勇往直前的战斗精神。

1. 长江路西端

29 年前,我从鲁西南的农村来到黄海边的渔村,乘坐青岛海洋大学(今中国海洋大学)"东方红"号驰骋于文学的海洋。25 年前,我登上了"黄海之舰"。当时的"黄海之舰"还是一艘小船,停靠在胶州湾西海岸的黄岛,黄岛当时虽不是"荒岛",但正在滩涂、荒地上开发,与青岛确实是"青黄不接"。

那时,黄岛是青岛之外隔海相望的半岛。我先从徐家麦岛坐 304 路公交车到团岛(一个小时),后买票坐轮渡至黄岛(一个小时),再从黄岛坐"小公共"到灵山卫镇,下车后步行一里地,方能到原胶南第三纺织机械厂旧址——青岛经济技术开发区黄海职业学校。

黄岛给我的印象像是个人口稀少的厂房。学校校址写的是青岛经济技术开发区长江路西端,实则位于灵山卫的"三纺机"[①],害得我第一次到校时迟迟找不到校门。

清晰地记得,那时我到青岛出差,没有一天的工夫是不行的,轮渡在大风、大雾天常停航,得走胶州湾高速,如果高速封路得走下道。早出晚归甚至在青住宿是常有的事儿。

如今的黄岛是交通便利的国家级新区。

2. 踏进院门,成功在望

一踏进原灵山卫三纺机厂址的校区大门,道路两旁便有两行大字:踏进院门、成功在望。大字的下面又有一行字:怕苦累莫入此门,图清闲另寻他处。这成为"黄海"的精神。

正对校门的办公楼楼顶的正上方可见学校的校训"爱国敬业、德高艺精";两边楼顶外墙的标语是"生命之树长青,黄海之舰永进";楼前小广场上有对称的两个标语"今天我以黄海为荣,明天黄海以我为荣"。办公楼后面中间挂有"学西点服从命令,学海尔追求卓越"两幅字。办公楼左边是餐厅,餐厅二楼外墙上写有"生活的战场、人格的考场"的标语。办公楼后边有个小广场,小广场东北方向有一排平房教室,教室外墙上写着"发扬抗大精神,为中华之崛起而

---

① "三纺机"校区是租借原黄岛区第三纺织机械制造厂旧址改建而成。

读书"。对着校园北边通道的一堵墙上写有"今天当好学生,明天当好工人,后天当好企业家。"

小广场的西边是由厂房改造的两排教室,这里冬天没有暖气、夏天没有空调。大厂房的入口处赫然写着"天将降大任于斯人也,必先苦其心志,劳其筋骨,饿其体肤,空乏其身,行拂乱其所为,所以动心忍性,增益其所不能"。这亦是我入校后第一天晚上沈校长让我默写的一段话,我始终铭记于心。

钱锺书说:"精神的炼金术能使肉体痛苦都变成快乐的资料。"在这个如今看来条件极差的校园里,我充实、快乐、幸福地有过很多第一次:第一次带班,第一次上语文课,第一次值周,受到的第一次表彰是一次国旗下的值周讲话,受到的第一次批评是查早操,写的第一篇应用文是《校企结合,军事化管理》,写的第一篇论文是《职业指导重在敬业指导》,第一次获奖是《手执金钥匙的人》的教师演讲比赛,收益最大的是"三操一卫",第一次接触了黄炎培"使无业者有业,有业者乐业"的职业教育理念并使其成为学校的办学宗旨。在这种文化熏陶下,人才培养质量得到了教育部原部长周济的高度赞扬和中央电视台的广泛推介。

2005年12月,时任教育部部长的周济做客中央电视台《决策者说》栏目,接受主持人白岩松的访谈,周济高度评价了青岛黄海职业学校办学的成功经验:"我到了很多职业学校看了之后,我都很受感动,印象特别深的是青岛黄海职业学校,海尔都到那儿招学生。有一次,海尔的老总把全市的职业学校找到一起,要在里面招工。散会了,其他学校的学生一哄而散,这个学校的学生整整齐齐地排着队,喊着'一二一'走出去,(这给我)留下了深刻的印象。海尔(老总)说:'就要那个学校的学生。'"

3. 南征北战建家园

2000年9月,我很荣幸成为第一届学历文凭考试学生的大学语文任课老师,并担任"大专文"班主任,使我有机会经历那段艰苦奋斗、激情燃烧的岁月。

大专部的起步是艰辛的,探索的道路是曲折的。2000年8月,学校招了第一批大专生,共130多人,一个文科班、一个理科班,因为没定具体专业,一直称其为"大专文""大专理"。不知上什么课,就先发了普通本科的公共教材;不知注册什么学籍,就和青岛高校科技专修学院合作注册了该校学历文凭考试的计算机信息管理、机电一体化工程专业;不懂如何管理与服务,就采用中专生的管理模式……一个学期下来,只剩下 77 个学生。痛定思痛,学校开始了大专部独立办学的创业史。

2001 年 8 月,学校从灵山卫第三纺织机械厂搬至青岛开发区职业中等职业学校,青岛黄海职业专修学院学历文凭考试登场,开始了八冠岛城的辉煌征程。

2002 年 8 月,学校又从青岛开发区职业中等职业学校搬至胶州华东设计院。

2003 年 9 月,学校从华东设计院搬到新校区。当初这里“左荒山右荒山,黄海学院夹中间,早停水、晚停电……”,如今,这里成了青岛西海岸的黄金地段、核心位置,宜学宜居。

三年里,学校经历了三次大搬家,一路汗水、一路搏击、一路歌。师生一起创建家园,一同开辟天地,苦中作乐,累却收获着、幸福着、快乐着。精神的炼金术把痛苦变成了快乐的种子,回忆起来是满满的幸福、满满的收获。

4. 激情燃烧的岁月

人要有点精神的。奥格•曼狄诺在《羊皮卷:世界上最伟大的推销员》中写道:“我绝不考虑失败,我的字典里不再有放弃、不可能、办不到、没法子、成问题、失败、行不通、没希望、退缩这类愚蠢的字眼。”“我要辛勤耕耘,忍受苦楚。我放眼未来,勇往直前,不再理会脚下的障碍。我坚信,沙漠尽头必是绿洲。坚持不懈,直到成功。”①

缺条件,不缺精神和斗志。大专部创业一代的师生有着“怕苦累莫入此门、图清闲另寻他处”的精神,有着“只要思想不滑坡、办法总比苦难多”的思想,有着“干什么事就干好什么事”的要求。我不禁想到孙中山为黄埔军校书写的大门对联“升官发财请往他处,贪生怕死勿入斯门”,横额为“革命者来”。

学历文凭考试时期的“黄海”校训是“没有借口”,是从西点军校借用过来的,看似冷酷无情,实则激发人的潜能。做不好事情,干不好工作,如果找借口、留退路,会有成千上万条理由等着呢,理由是找到了,借口是有了,心理是平衡了,工作便不能一心一意,不能破釜沉舟,不能竭尽全力,结果大事干不成,小事干不了,一事无成。

学校在八冠岛城的高速路上,不调头,没退路,不减速,始终风驰电掣地往前冲,历练并坚定了“明知山有虎、偏上虎山行,明知征途有艰险、越是艰险越

---

① （美）奥格•曼狄诺. 羊皮卷:世界上最伟大的推销员[M]. 安辽,译. 北京:世界知识出版社,2014.

向前"的志向和追求,塑造了"做事做绝、做得无人替代,只要参加就是第一,让别人去争第二"的"黄海"形象。师生喊响一个口号"大干快上";树立一种理念"速度比完美重要,结果比过程重要",贯之一种精神"拼",付诸一种行动"干",落实一个字"实",实施"把帽子扔过墙"的工作方法。"黄海"人坚信:只有想不到,没有做不到。干什么事不干则已,干则干个前无古人、后无来者,干得漂漂亮亮、潇潇洒洒、痛痛快快。

正是发扬了"流血、流汗、不流泪,拼力、拼命、拼第一,敢闯、敢干、敢为天下先,特别能吃苦,特别能战斗,特别能奉献"的精神,学校才有了2001—2005年参加学历文凭考试平均分及格率均获得青岛市第一名的好成绩,打造了高等教育学历文凭考试中国第一品牌。

这一时期青岛黄海学院的文化理念包括以下内容。

(1)领导理念

艄公不努力,耽误一船人。

(2)方法理念

只要思想不滑坡,办法总比困难多。

(3)态度理念

没有任何借口——完不成任务、做不成事情的标准答案。

(4)机遇理念

看不见机遇是蠢人,抓不住机遇是庸人,错过机遇是罪人。

(5)成功理念

成功的秘诀就是与众不同,兴趣是成功的先导,执着是成功的根本。

(6)条件理念

有条件要上,没有条件创造条件也要上。条件是重要的,但不是被动的。什么事可以先磨金刚钻再揽瓷器活,更欣赏边揽瓷器活边磨金刚钻,尤其欣赏先揽瓷器活再磨金刚钻。

(7)创新理念

日有设想,周有改进,月有改革,年有突破。

(8)岗位理念

处于什么岗位,就在什么岗位上寻找意义。人要适应岗位,而不是让岗位适应人。用七分力气去抱怨、指责环境,可能不会有一丝一毫的效果,但如果用七分力气中的一分去改变自己,会有意想不到的收获。

（9）标准理念

无人替代——如果谁都可以替代你，甚至比你做得好，那就是你的失败。

（10）教育理念

适合你的教育是最好的教育。教育不是"补短"，而是"扬长"；不是选择适合教育的学生，而是选择适合学生的教育。只有差异，没有差生。人人都是潜在的人才。

从下面历次学历文凭考试前誓师动员大会的会标和誓词中可窥见"黄海"精神。

鳌头独占

闻鸡起舞细耕耘，
韦编三绝冠岛城。

再展雄风

沧海横流方显英雄本色，
涛声依旧"黄海"傲视群雄。

三冠岛城

苦读十八眼熬红士气冲天，
高速路上汗流干背水一战。

勇往直前

松柏寒阔步披靡三连冠，
旌旗展激情飞跃四蝉联。

独领风骚

上高速、奔如风、出奇兵、显神通，风光占尽贯长虹，
加压力、零宽容、挖潜力、拒平庸，蟾宫折桂做英雄。

永争第一

论剑珠山龙争虎斗展身手，
扬帆黄海百舸争流立潮头。

七冠岛城

虎啸群山雄视苍穹,

独步天下擒虎如猫。

八冠岛城

俱怀逸兴携珠山之威已摘七魁星,

众志成城扬"黄海"巨帆八折蟾宫桂。

潮涌,新"黄海"(一)

我不怕千万人阻挡只怕自己投降,

我和我最后的倔强握紧双手不放。

下一站是不是天堂,就算失望也决不绝望,

我和我骄傲的倔强在风中大声地唱。

在这一次为自己疯狂,

就这一次我和我的倔强。

于是,在这山海之间顶天立地,高昂地宣誓:

激情追梦团队,用心撑起这片蔚蓝的天空,流血流汗不流泪,掉皮掉肉不掉队,拼力拼命拼第一。为执着付出200%的努力,为1%的希望付出100%的汗水。

潮涌,新"黄海"(二)

大海的力量源自生生不息的远动,

每一次的冲击波都是新的发力点。

"黄海",激情澎湃,无穷无尽……

我宣誓:激情追梦团队,用心撑起这片蔚蓝的天空,流血流汗不流泪,掉皮掉肉不掉队,拼力拼命拼第一。为执着付出200%的努力,为1%的希望付出100%的汗水。伟大的"黄海"人铸就"黄海"之品牌。

"黄海"人,拒绝平庸

"黄海"人,拒绝平庸,追求卓越,精雕细刻,创造精品。

"黄海"教师,捧出一颗心,奉献五尺身,教书更育人。

以良心撑出一片天,以爱心搭起一块绿荫。

气贯长虹率垂范,奔向教育第一线。

上高速,路路通,狂奔如风,各显神通。

把方向,脚踏板,车水马龙我为先。

加压力,挖潜力,三省悟,一丝不苟,破釜沉舟背水战。

全天候,细服务,创造奇迹在最后。

眼熬红,嗓喊哑,手磨茧,腿站酸,汗流干。

零度宽容八连冠,人人通过全实现。

上高楼

上高楼,望天涯,风光无限,气贯五洲。

山水间,灯火明,彻夜奋战,八次连冠。

天地阔,沙场卧,肝胆相照,力拔五岳。

一息在,精神抖,英雄折腰,八领风骚。

我是活着的

我是活着的,

我是最优秀的,

我一定能做得到。

当然,目前要做的是努力。

在这里,辉煌都将被超越者踩在脚下;

在这里,突破是证明自己的唯一方式;

在这里,我们已将八连冠的殊荣放在身后;

在这里,我们已开始新的跨越……

5. 三大教学理论

在学习方面,一个人最有价值的财富是态度,当学习充满激情和乐趣,才更为有效。况且还有一套行之有效的教学方法,那就是三大教学理论——木桶理论(解惑学习)、心手相应(体验学习)和森林效应(场域学习)。

(1)木桶理论

木桶盛多少水不取决于最长的那块木板,而取决于最短的那块木板。坚持问题导向,对于班级集体而言,要加强后进生的转化,一个人教一个人;对于学习个体而言,要知惑解惑,在错题本上建立错题集,错题重做。这是学习的第一境界,是对逻辑思维的学习、对大脑的训练、对知识的积累,一个个攻破重点、难点、关键点、疑惑点。

（2）心手相应

心手相应的道理在于心手相依、内外一致。心手不相呼应,是"不学"之过。而不唯书本至上、躬行实践的做法,是学习的第二种境界,即身体的学习,强调的是体验式学习和在做中学、在玩中学,教、学、做合一,手脑并用,通过"事上练"实现身体力行之学。现代体验式教育理论认为,教育的主体不应该是教师,而应该是学生。教师只是一个引导者,学生应在各种体验中自主地学习、成长,用经验去锻炼自己的心和直觉。

（3）森林效应

森林效应即在空旷的田野中是长不出参天大树的,而在茂密的森林中才能出现比、学、赶、帮、超的情形。办学就是办文化,学习看氛围,工作看心情。校风、教风、学风建设和学习氛围的营造至关重要。这是学习的第三种境界——场域的学习。无论学什么、做什么,只要能够形成场域,干什么都会成,因为场域的叠加会形成几何级数的能量,拥有这种能量,会无坚不摧。

6. 观山海,必要为

2003 年 8 月,学校主体搬到珠山脚下、黄海之滨,师生终于有了自己的家。山海情怀、拥海奔流等词语包含的精神要义成为学校文化内涵的精神要义。

一位 2002 级的校友说,学校给他留下最深的印象是"观山海,必要为"这句话。2003—2005 年我担任系主任时在学校知新楼六楼中厅张贴过这句话。这句话首先道出了"黄海"的地理位置——山南海北,背靠山,前观海,宜学宜居,位置绝佳。这使我想起了海子的"从明天起,做一个幸福的人……我只愿面朝大海,春暖花开"。

黄海是海,海纳百川,有容乃大。泰山不让土壤,故能成其大;河海不择细流,故能就其深。在青岛,以"黄海"命名的有黄海轮胎、黄海制药、黄海饭店、黄海足球……本书中的"黄海"指青岛黄海学院。

正是优秀教师的不断加入、社会各界的支持、家长的信任、学生的选择成就了今日之"黄海"。

7. "四文化"融合育人

青岛黄海学院具有产教融合、校企合作的优良传统,在办学之初就和青岛知名企业紧密合作。2000 年前后,师生走进企业,在城阳的安普泰克等企业开展旺工谈学的职业教育实践,也一直致力于将企业引进学校实训中心,建设校内华东产教园区。

2003—2010 年,学校处于高职高专时期,形成了"工学结合、校企合作、订单培养、顶岗实习"的人才培养模式,与数百家企业建立合作关系,实施"毕业生召回制",强化学生实习实训和技能考证,凸显工匠精神,承接了全国职业教育现场会,更有教育部领导莅临学校指导。

早在 2009 年,学校便与阿里巴巴开展校企合作,积极探索基于产教融合的创新创业教育。2011 年以来,学校践行"知行合一"的校训,打开组织边界,开辟产教融合的实践路径,构建"真融""真合"新生态,"真融"入区域产业发展的生态之中,"真合"到服务地方社会经济发展的轨道上来,健全"融入区域、根植产业、服务社会、引领发展"的 1234 应用型人才培养体系。2015 年,学校尝试构建"二级学院+产业园'院园合一'"的校企协同育人机制,推进工作室制人才培养,形成红色文化、优秀传统文化、工匠文化、创新文化"四文化"融合育人品牌。

(1)围绕一个目标定位

坚持"地方性、应用型办学"这个目标定位,走"校地融合、产教融合"的发展之路,为区域经济社会发展培养"下得去、用得上、留得住、干得好"的应用型人才。

突出地方性,强化"服务"主题。立足地方、依靠地方、融入地方、服务地方,专业链对接地方产业链,形成与区域经济和社会发展联动的人才培养机制和服务体系。

突出应用型,强化"协同"主题。在产教融合的背景下,构建"二级学院+产业园"的融合机制,通过建立现代产业学院等形式持续加大校内外协同育人力度,建设一批校校、校企、校地、校所协同的育人平台。

突出体验式,强化"生动"主题。促进条件改善,促进学生学习和生活新体验,大力推动翻转课堂、线上线下混合式教学改革,提升学生的获得感和满意度。

突出创新型,强化"个性"主题。尊重学生的个性差异,注重因材施教,实施分类培养,满足多样化人才的成长需要。

（2）突出"德育为先、能力为重"两个重点，完善"德高艺精"的育人体系

坚持德育为先，强化"树人"主题。把理想信念教育放在首位，引导学生树立正确的世界观、人生观、价值观；切实加强职业道德教育，注重对学生职业素养的培养。

坚持能力为重，强化"实践"主题。学院、专业、课程主动对接经济社会发展需求，强化学科专业与社会需求的对接、教学内容与职业标准的对接、教学过程与生产过程的对接，强调学以致用，着力提高学生的专业实践能力和创新创业能力。

（3）优化理论教学、实践教学、创新创业教育三大体系

理论教学体系要符合人才培养目标要求，反映学科发展的新成果，适应行业发展的新要求，重点在体系调整、内容整合、方法更新、学科交叉上。

实践教学体系以能力发展为主线，遵循能力培养规律形成进阶式、梯级式培养体系。把行业企业的一线需求作为毕业设计选题来源，提高综合性、设计性、创新性实验比例，推动开放性实验室建设，加强实验、实训、实习环节，提高毕业生职业技能等级证书认证比例。

以培养学生的创新能力为目标，完善创新创业教育体系。建立面向全体学生、全体老师参与、贯穿人才培养全过程的创新创业教育体系，将创新创业课程纳入各专业的必修和选修环节，推进创新创业教育与专业教育的深度融合。

（4）形成红色文化、传统文化、工匠文化、创新文化"四文化"融合育人特色

坚持以红色文化培根育人，打造雷锋学校的教育品牌；坚持以优秀传统文化铸魂育人，打造中华优秀文化育人平台；坚持以工匠文化实践育人，打造大国工匠实践育人平台；坚持以创新文化协同育人，打造产、学、研、创、用一体化的新生态，形成体系完备、特色鲜明的"四文化"融合育人特色。

红色革命文化培根育人——20多年如一日，坚持不懈学雷锋，以雷锋精神兴校育人。建立雷锋塑像、开雷锋讲坛、建雷锋博物馆、办《雷锋》杂志四位一体常态化学习雷锋机制，开展雷锋班级、雷锋宿舍、雷锋个人"十百千"评选活动，成为青岛市的雷锋学校。

中华优秀传统文化铸魂育人——推进院（国学院）、课（课程）、路（八德路和六艺路）、道（路道）、廊（长廊）、墙（主题墙）、像（名人像）等活动的开展，获"中华诗词培训基地""齐鲁诗教先进单位""青年之声国学教育示范基地"称号。

工匠文化实践育人——搭建训练中心、研发中心、实验中心、产教园区、孵化基地、创客空间，着力提升学生的职业素养，培养学生敬业乐群、做精做细、追求卓越的品质。

创新文化协同育人——政、校、行、企四方聚合联动，搭建商科创业、工科创新、艺术创意的三大创客平台，建立创新创业教育课程教学和实践孵化的两位一体的体系，实施一条龙的创新创业教育服务。

三、"黄海"话语体系与价值观

蔡元培说："教育不是为了过去和现在，而是为了未来。"前事不忘，后事之师。"黄海"人有责任讲好"黄海"故事，从中发现规律性的内容，继承优良的文化传统，梳理"黄海"人自己的话语体系。"黄海"话语体系体现了"黄海"文化、办学理念，塑造了"黄海"精神和"黄海"品格，促进了"黄海"教育事业的发展。依据我在"黄海"工作25年的经历和个人的理解体悟，这个话语体系至少包括如下10点。

1. 艰苦创业的传统，自强不息的精神，以生为本的理念

28年攻坚克难、艰苦奋斗的创业征程，是几代"黄海"人扎根学校、不懈努力的奋斗成果，更是全校师生员工呕心沥血、自强不息的汗水结晶。纳百川以为海，集万物方成龙。28年，激情澎湃、大浪淘沙，学校积淀了厚重的文化底蕴，孕育了不朽的精神传奇。

什么是"黄海"精神？是广大师生员工秉承"知行合一"的校训和"惟德惟能、止于至善"的校风，继承了几代"黄海"人艰苦创业的优良传统，凝练的"自强不息、团结奋斗、知难而上、勇往直前"的"黄海"精神，具体表现为自强不息的拼搏精神，爱校如家、团结奋斗的团队精神，精益求精、知难而上的创新精神，坚忍不拔、勇往直前的战斗精神。

"大学为学生"，学生是学校存在的唯一理由。学校坚持人民至上，以学生为中心，始终坚持立德树人的根本任务，牢牢把握提高人才培养质量的主线，守正创新，走自己的路，实施高质量发展，推进优质教育，服务学生成长成才，激发学生对浩瀚汪洋的渴望，为学生扬帆远航奠基，以培养时代新人为使命，为生命成长赋能，办受人尊敬的大学。

2. 高山的责任，大海的胸怀；山岛竦峙，拥海奔流

学校的特色在于"岛、海、山"。岛即青岛，这是区位优势，学校扎根青岛，融入青岛,服务青岛;师生相约青岛,起航黄海,扬帆天下。海即黄海,海代表胸怀、力量,涓涓细流汇入黄海,拥抱深蓝,开辟蓝海,培养未来蓝色经济发展需要的人才。大海的力量源自生生不息的运动,每一次的冲击波都是新的发力点。山即珠山,学校背依珠山,面朝黄海,春暖花开,肩负高山的育人责任,育人造材是其本质。

"山岛竦峙"寓意"黄海"人在此创业、兴业、立业,成就一番事业,成就人生的价值和教育事业立功之永恒。

"拥海奔流"寓意海纳百川、有容乃大的胸怀,更有生命不息、奋斗不止的自强精神。

所以说"高山的责任,大海的胸怀"是"黄海"和"黄海"人的品格,"山岛竦峙,拥海奔流"是"黄海"和"黄海"人的精神。

3. 怕苦累莫入此门,图清闲另寻他处

28年创业的艰辛磨砺了师生的品质。创业之初,学校将"怕苦累莫入此门,图清闲另寻他处"作为礼物郑重地送给每一位入校的师生,将孟子"故天将降大任于斯人也,必先苦其心志,劳其筋骨,饿其体肤,空乏其身,行拂乱其所为,所以动心忍性,曾益其所不能"作为校长寄语要求师生牢记于心。比如,在招聘环节,学校领导会将丑话说在前面,明确地告诉每一位应聘者:"学校条件差,工资低,要求严,工作时间长,育人责任大。"实际上这是新人成长必经的一段历程,专家称之为"蘑菇定律",即挑战平庸,战胜荆棘,突出重围,拥抱卓越。学校在爬坡过坎阶段有很多不完善、不成熟之处,但也正因如此,才有进步的空间。时至今日,学校条件好了,但拈轻怕重、追求享乐、贪图享乐并非"黄海"人所求。"黄海"人要有"明知山有虎,偏向虎山行;明知征途有艰险,越是艰险越向前"的精神。

杨绛先生为《围城》写的后记中有句名言,"围在城里的人想逃出来,城外的人想冲进去,对婚姻也罢,职业也罢,人生的愿望大都如此。"这就是这山望着那山高、得到不知道珍惜、失去才觉得可惜的心理现象。进入学校这座"围城",你一定会有同感,如何克服和突破是摆在我们眼前的现实问题。正因学校有诸多不尽如人意的地方,它才有旺盛的生命力,也才有我们的用武之地。我们应该不消极、不抱怨,积极进取,主动作为,力所能及地让生活、工作、人生更美好。

4. 只要思想不滑坡,办法总比困难多;没有借口

"只要思想不滑坡,办法总比困难多"是学校的方法理念。人生不如意十之八九,困难和暂时不具备条件或许如影随形,但这不是我们完不成任务的借口。如果干不好工作、完不成任务随随便便就能找到借口,久而久之会养成做事留退路、工作找借口的习惯,工作便不能尽心尽力、全力以赴。我们要有釜底抽薪、背水一战的决心和勇气,运用"先把帽子扔过墙"的工作方法,不言失败和放弃,勇往直前,激发自己的全部智慧和潜能,翻过一堵堵高墙,越过一道道沟坎。

5. 爱国敬业,德高艺精

人民教师应以立德树人为根本任务,坚持社会主义核心价值观,坚持国家、责任、荣誉的信念,把教育当事业,爱教育事业、爱学生、爱学校,时刻提醒自己做个好教师、大先生,不误人子弟;应传递正能量,做到学术无禁区、课堂有纪律;应对自己的言行负责,学高为师,身正为范,常思为师之道,常存育人之责,做德艺双馨的好教师。陶行知说:"先生不应该专教书,他的责任是教人做人;学生不应该专读书,他的责任是学习人生之道。"

6. 无人替代

干什么事不干则已,干则干得无人替代。2001—2005年学历文凭统考中,"黄海"的平均分、及格率均居青岛市第一,取得了岛城八连冠的辉煌战绩。沧海横流方显英雄本色,涛声依旧黄海傲视群雄。

7. 知行合一

"知行合一"出自明朝心学大师王阳明之口。王阳明是我国历史上"立德、立言、立功"三不朽的大人物,其基本主张是心即理、致良知和知行合一,特别强调"心学不是悬空的,只有把它和实践相结合,才是它最好的归宿"。继承和弘扬知行合一理念,不仅要坚持"定向于地方、定型于应用、定位于教学、定格于实践"的应用型人才培养理念和办学定位,更要在工作中积极作为,奋发有为。正如彼得·德鲁克所言,"管理是一种实践,其本质不在于'知'而在于'行';其验证不在于逻辑,而在于成果;其唯一权威就是成就。"

8. 以课为先

学生不是我们的产品,而是我们服务的客户,教师要通过努力使来校求学的学子实现价值增值,为其终身发展奠基。在"黄海",课程就是我们的产品。

课程教学是人才培养的核心,不同课程群组合成不同的专业,人才培养的质量核心在课程质量。静态的课程需要动态的课堂来实现,提高教学质量的关键在课堂。师生都要树立以课为先的理念。教师应做到不调课、不停课;学生应做到不迟到、不早退,应对课堂有敬畏感。教师应千方百计地确保课程的质量和温度。

要上好课,教师必须以学术为生存状态。20 世纪 80 年代,钱伟长提出:"你不上课,就不是老师;你不搞科研,就不是好老师。教学是必要的要求,不是充分的要求,充分的要求是科研。"钱老详尽地指出:"每年虽然讲同一门课,但应该不断变化,使一门课跟上科学发展的步伐。我鄙视那种一本教科书讲 30 年不变的教学方式。搞科研可以帮助教师扩大眼界,晓得当代这个专业在发展中所存在的问题,丰富这个学科的内容,使之不断地往前发展。"教师有以教误人者、以教谋生者、教书匠、好教师、大先生之分,我们要成为哪一类呢?习近平总书记指出,教师不能只做传授书本知识的教书匠,而要成为塑造学生品格、品行、品味的"大先生"。学生更要树立课堂的敬畏感、神圣感,应注意自己的一言一行、一举一动。这是对他人的尊重,也是对自己的负责。

9. 闯、创、干的精神

青岛黄海学院发展史就是一部学校从无到有、从小到大、从弱到强的创业奋斗史,具有创新的血液和创业的基因,书写了学校是如何顺势而为、乘势而上、沐浴时代发展的东风、享受改革开放的红利、汲取青岛沃土的营养而成长为民办高校的。学校以干事创业的激情、坚实的闯劲、务实的干劲、执着梦想的心、一以贯之的定力、打破常规的劲头、开创性的思想、勇于变化的激情、生命的张力,靠上、拼上、豁上,闯出一片天。

10. 百年育人,千年大学

没有做不到,只有想不到,人生要有梦想和追求。王小波认为,工作是人一生的主题,干什么都是好的,要干出个样子来,这是人的价值和尊严之所在。学校的愿景是百年树人,让每个人都成为本来的样子,成为顶天立地大写的人。一滴水,只有融入黄海,才永远不会干枯,才永远有力量。

第三章 | 创新创业

第一节　为何创，何为创

人生如画布，自由是那挥洒自如的画笔，绘出独一无二的风景。人们渴望突出围城，勇闯世界并创立一番事业。

世界那么大，我想去闯闯，更要去创造。到外边闯的目的是什么呢？为了生计，养家糊口？为了性情，随心所欲？为了大千世界，鲜花美景？为了开疆扩土，成就霸业？闯什么？又创什么？一闯人生关，创人生观，做个顶天立地大写的人；二闯工作关，创新工作观，干什么都是好的，但要干出个样子来，这是人的价值和尊严之所在；三闯情感关，创情感观，以高度的责任心担当好人生的各种角色。不为输赢，只为认真活一回，以"三不朽"之精神创基业、干事业、建功业。

没有闯，何来创？闯是创的前提，是胆量和气魄，是敢为人先，勇立潮头，靠上、拼上、豁上，以坚实的闯劲与务实的干劲闯出一片天。闯的征程中，我们要有一颗执着梦想的心、一股打破常规的劲头、一种开创性的思想、一腔勇于变化的激情、一种生命的张力、一步迈向天地的行动，不断以学习力强化精进的专业，形成持续创新成长的生命力和"咬定青山不放松"的定力。

没有创造性地闯，是盲目地蛮干。创是闯的归宿，是人生价值的体现与升华。每个人都是父母创造的奇迹，每个人的人生轨迹也是自己创造的奇迹。

无中生有，从零到一是创；没有新成分，只有新组合，资源重组也是创。创就是通过思考、钻研、实干、拼搏，去改进、改善，去提高、增值，去发明、发现，找到新理念、新方法、新途径、新措施、新制度、新技术,化坏为好、化劣为优、化小为大、化弱为强,量变质变,对立统一,正反合,反者道之动,否定之否定。创不是坐而论道,是付诸行动、守正出奇、不断追求的生命状态,是追求卓越、上下求索、拼搏不息的人生姿态,是自我突破、专注重复、精进开拓的人生精神,是仰望天空、心怀梦想、建功立业的诗意栖息,是至真、至善、至美、至醇的人生境界。

创不是少数人的专利,而是人人皆创。创是人之为人的责任担当。心在梦在,人生豪迈。创的能力不是教出来的,不是成功学的"心灵鸡汤",也不是企业家夸夸其谈的说教,而是激情实干练就的,睁开双眼,解放双手,不断试错,发展发散思维、逆向思维、创新思维和实践动手能力。

厘清概念,正本清源。何谓创意、创客、创造、创新、创业?创意就是金点子、好想法;创客就是出于兴趣和爱好,把创意转变为现实的人;创造就是把以前没有的事物给造出来;创新就是更新、改变或创造新的东西;创业就是开创自己的事业。

明辨关系,干事创业。立足专业进行创新,创新引领创业,创业带动就业。创业不是守,而是闯,不是不安本分,不是横冲直撞,而是遵纪守法,立足本业,打破常规,敢闯、敢试、敢为天下先,干出无愧于时代的成就。

德行天下,能者为王。创业主要靠什么取胜?靠好的项目、雄厚的资金,还是创业团队?天道酬勤、商道酬信。创业靠的是胸怀责任,靠的是言必守信、行必踏实,靠的是礼以行义、义以生利、利以为民。成功不仅取决于专业,更取决于创新的动力和一以贯之的定力。

敬业精神,创业之道。创业精神的实质是敬业精神和创新意识。敬业精神首先表现为工作敬岗、学习敬学、生活热爱,对工作高度负责。敬业精神是从业者对职业生涯长期不懈的追求和强烈的工作偏好,甚至是具有艺术家般的热情和痴迷,愿意为自己所向往的事业付出时间和精力。没有敬业,谈何创业!

创新引领,活力创业。敬业精神其次表现为一种创新意识,类似一种能够持续创新成长的生命力,从业者具有开创性的思想、观念、个性、意志、作风和品质,以创造新的价值。创业不在于设立新公司,而是一种以创新为基础的做事与思考方式,一种求新、求变、求发展的心态,一种发掘机会、整合资源、提供市场新价值的行为。

激情担当,干出事业。以"三不朽"之精神,创基业、干事业、建工业。把工作作为事业,而不只是谋生的手段。这就需要我们专注、细致,并初心不改。事业在于创,不但要有智商,还要有情商,更要有胆量。创业者要有一颗勇于变化的心、一腔勇于变化的激情、一步迈向天地的行动,想别人所未想,做别人所未做,突破专业局限,进行跨界融合,把不可能变成可能,独立自主开拓,从而创造业绩与成就。

大众创业,万众创新。无中生有、从零到一是创新,资源重新组合亦是创新。有了创新,创业才有可能成功。创新是创业的核心和灵魂。创新不是少数人的专利,人人都可以创新;创业不在于独创,而在于众创,人人皆能创业。开垦创新沃土,播撒创业的种子,让有意愿、有条件、有项目的学生自然而然地创业。所以,处处是创造之地,天天是创造之时,人人是创造之人,让我们向着创造之路迈进吧。

实践育人,创业成才。创业成功需要时势与机遇,但机遇只垂青有准备的、有创业能力的人。创业能力不是教出来的,是练出来的。创业从自我雇佣开始,以兴趣为导向,依托专业学科,跨越学科界限和产学界限,强化产学合作,不断试错,发展创新思维和实践动手能力,促进知识转化和科技创新。在校生创业无所谓失败与成功,因为这是一种教育、一种实践教学、一种专业实践,不是为了营生、谋生。成功固然可喜可贺,失败也是一种人生经验。心在梦在,人生豪迈。创业的人生是更加完美、豪迈的人生。

第二节 "黄海"产教融合机制下的创新创业教育之路

创新理念贯穿学校创业史,创业精神彰显学校历史积淀。青岛黄海学院发挥民办高校自主创新的机制优势,积极探索学业、产业、就业、创业贯通的办学模式,日益完善"四三二一"的创新创业教育系统。

政、校、行、企四方聚合联动,搭建政府主导、学校主体、行业指导、企业参与的科技创新、文化创意、网上创业三大创客平台。

面向全体学生,实现创新创业课程教育全覆盖,强化学科竞赛、科技创新训练;面向有创新创业能力的学生,搭建众创空间,建造创业孵化基地,培育创业项目,促进创新创业成果转化,构建创新创业教育课程与创新创业训练、科技创新与成果孵化"两位一体"的教学体系。

成立创新创业教育学院,以聚合校内外资源;实施《青岛黄海学院创新创业教育改革方案》,推动校企协同育人模式、课程体系改革,实施学分积累和转化制度,把创新创业教育与学时、学分、学程、学位以及教师工作量结合起来;健全集创业苗圃、创业培训、创业孵化、创业加速、创业跟踪于一体的服务平台……从而构建一个内外协同的制度保障与服务体系,实现了100%的学生受到创新创业教育,10%的学生参加学科竞赛、科技创新、创新创业项目,1%的学生创办优质的创业企业。

1999年4月19日入职以来,我见证并参与了学校从中等职业学校到普通本科教育跨越式发展的创业征程。我深切体会到,创新创业是学校的生命基因。学校的创新创业基因是在改革开放的社会需求中诞生的,是在产教融合、校企合作中发展壮大的。其中,对学生进行创新创业教育实践的突破口是始于2009年与阿里巴巴集团合作开展的电子商务专业实用型人才培养探索。

第三节　西海岸大学生网上创业园的创建

民办高校存在的价值在于根植于地方进行办学体制机制和人才培养模式的创新,基于这种考虑,青岛黄海学院开始了上下求索产教深度融合的创新创业之路。一次偶然的机会,董事长刘常青认识了阿里巴巴集团北方大区负责人左进鹏。刘董以其前瞻而敏锐的市场意识与左进鹏谈了想以校企合作的方式开展电子商务人才培养的想法,并得到了左进鹏的认可。为了加深了解、促进合作,2009年12月刘董率领导班子赴杭州阿里巴巴集团总部开展为期一周的参观学习。他详细考察了阿里巴巴集团的办公场景、经营状况和人才需求,拜访了阿里巴巴的有关领导,走访了部分员工。在杭州期间,刘董与阿里巴巴集团阿里学院高管应咏签署了共建青岛黄海学院阿里商学院的合作协议。学校正式成为阿里巴巴电子商务人才培养基地,这是继杭州师范大学阿里商学院之后的全国第二家阿里商学院。在许多人看来,这是学校与企业众多合作协议中极为普通的一份,且电子商务作为新的行业、新的专业,其发展趋势不很明朗。但刘董返校后毅然决然地成立了由赵思波、张永彬等老师组成的专项工作组,并进行工作对接。2010年开学初,学校面向全体学生,选拔出具有良好英语基础的30个学生,组建了阿里巴巴电子商务外贸班,聘请阿里讲师强化学生的英语、外贸知识和技能。一时间,校园内出现了一道亮丽的风景线——一群琅琅读书的英语爱好者和穿着阿里制服学外贸的学生。2010 年 3 月,这批学员赴杭州阿里巴巴总部接受外贸实训,回来后他们都在青岛的跨境电商企业找到了工作。通过企业回访获悉,用人单位对青岛黄海学院阿里巴巴电子商务外贸班第一期学员非常满意,对学员的工作态度、操作技能、思想道德等方面给予了充分的肯定。学员们对安排的工作也较满意,非常支持学校继续开办阿里巴巴电子商务人才培训班。2010 年 7 月 12 日,学校第二期阿里巴巴外贸班开班,学员由第一期的 35 人增至 190 人,主要招收电子商务、英语、国际贸易专业的大三学生,培训课程主要是阿里巴巴国际贸易 B2B 平台和电子商务的基础知识,培训时间为一个月。培训结束后,给学员们颁发了阿里巴巴电子商务(外贸)网络营销师证书,并推荐他们到阿里巴巴会员单位从事外贸工作。此后,学校每年都开设电商阿里特色班,进行校内集训和企业实训,结业后安排就业。

2010 年 6 月 24 日,学校举行了阿里巴巴电子商务人才培训基地揭牌仪式暨"阿里巴巴携万企促就业工程"报告会。学校党委书记冯宜明和阿里巴巴 B2B 上市公司山东大区总经理祁秀平为电子商务人才培训基地揭牌。阿里巴巴商学院左进鹏对"携万企促就业工程"进行了介绍。2012 年,学校与网易校企共建网易大学生创业实践基地,与阿里巴巴菜鸟网络校企共建电子商务创业及物流实践教育基地暨阿里巴巴服务站。2013 年,学校与阿里巴巴战略伙伴山东网商集团共建大学生就业创业孵化基地,基地设有电商企业实训教室、多媒体教室、样品展示间、会议室、摄影棚等,为电子商务、国际经济与贸易等专业的学生提供了内外贸就业创业孵化。在阿里巴巴国际事业部的支持下,学校引进 24 家青岛本土电商企业进驻基地,进行校企共育、课岗融替、工学交替的教学改革。2014 年 4 月 17 日,学校大学生就业创业孵化基地揭牌,青岛中华职教社主任方漪,中共青岛市委统战部副巡视员、青岛中华职教社秘书长贺照宾,以及阿里巴巴集团和其他跨境电商企业代表 40 余人出席揭牌仪式。董事长刘常青、校长焦奎、党委书记冯宜明等校领导,各院直部门、二级学院师生代表 2 000 余人出席了揭牌仪式。校长焦奎、阿里巴巴集团国际事业部高级经理肖俊杰、青岛普华重工机械设备有限公司联合创始人常晓俊分别致辞。大学生就业创业孵化基地是学校与阿里巴巴国际站会员企业及阿里巴巴旗下淘宝网、天猫网等进出口及电子商务互联网企业校企合作、专业共建的大学生就业创业教育平台。

2014 年 7 月,在黄岛区人力资源和社会保障局的大力支持下,学校以大学生就业创业孵化基地为基础,成立了青岛西海岸大学生网上创业园。2014 年 11 月 27 日下午,青岛市人力资源和社会保障局大中专毕业生就业中心主任褚庆柱等来校对西海岸大学生网上创业园进行复评。

第四节 "院园合一"校企协同育人机制探索

2015 年 7 月 21 日,我被调离教务处处长的岗位,担任国际电子商务学院院长并分管创业教育工作。2015 年 9 月 16 日,青岛市跨境电子商务协会西海岸分会成立大会暨青岛黄海学院国际电子商务学院揭牌仪式在学校体育馆隆重举行。青岛市商务局电商处处长朱涛、副处长张岚,青岛市跨境电子商务协会总会会长刘广利、执行会长隋正其,阿里巴巴北方大区总监张建,青岛黄海学院常务副校长李武修等领导出席成立大会。青岛黄海学院国际电子商务学院是校企共建具有行业特色的二级学院,以服务青岛地区电子商务、外贸产业为宗旨,以促进学生就业创业为导向,办校企合作特色班,育商贸实战精英,实现多方共赢。国际电子商务学院与网上创业园统一建制,合署办公,从而开启了"院园合一"校企协同育人的新时代。揭牌仪式上,我作了题为《构建电商创业合作平台》的发言,提出了构建国际电子商务学院与西海岸大学生网上创业园"院园合一"的校企协同育人机制,旨在构建一个跨境电商校企合作平台,进行精准化人才培养,并把这个平台打造为青岛商务精英的蓄水池、商务创业的孵化器、电商产业的助推器。

基于国际电子商务学院与西海岸大学生网上创业园"院园合一"的校企协同育人的工作实践,2015 年 11 月,我主持的 2015 年山东省本科高校教学改革研究项目"民办高校基于'院园合一'的校企协同育人机制研究与实践"获山东省教育厅批准立项。2017 年年底研究项目结题,项目团队基于教育与生产劳动相结合理论、场域理论、"三螺旋"理论进行了"院园合一"校企协同育人的实践探索,在大学生网上创业园构建了"企业工坊—儒商学堂—创客空间"的孵化链条,并辐射专业教学和产业经营两端,着力在国际电子商务学院进行"学业+产业+创业"办学模式实践,完善基于创新创业创客的实训式人才培养模式。

2017 年,我在对"院园合一"校企协同育人实践进行研究的基础上撰写了典型案例,获全国"校企深度合作与高技能人才培养"征文一等奖,文章被收入《全国职业教育专业建设典型案例汇编(2016)》。同年,我在纪念职业教育法实施 20 周年暨近现代职业教育发轫 150 周年征文中获三等奖。2018 年 1 月,学校"'院园合一'校企协同育人机制研究与实践"获山东省高等教育教学成果二等奖。2018 年 4 月,学校"'学院＋产业园'融合机制下高职电子商务专业现代学徒制改革与实践"获山东省职业教育教学成果二等奖。

第五节　全国跨境电商专业人才培养示范校的创建

2015 年 11 月,为深入推进"院园合一"校企协同育人机制,青岛黄海学院组织 145 名电子商务专业学生参加"双 11"活动,变身为云客服,数小时销售额便破亿元。此新闻作品荣获 2015 年山东高校新闻奖。之后,学校每年都组织学生参加"6•18"和"双 11"活动,并取得不俗的成绩。

2016 年 3 月 19 日,阿里巴巴"百城千校 百万英才"青岛黄海学院电商人才培育基地启动会在青岛黄海学院体育馆召开。青岛市教育局高教处副处长晁永强、阿里巴巴"百城千校 百万英才"项目总监何董培、阿里巴巴渠道业务部总参谋长陈志茂、山东网商教育集团董事长李辉、青岛跨境电子商务协会创会秘书长苏静、青岛黄海学院董事长刘常青及常务副校长李武修等领导出席启动仪式。当天下午,阿里-青岛黄海学院大型电商人才双选会举行。

为推动外贸新业态发展、培育竞争新优势,根据《山东省跨境电子商务发展行动计划》(鲁政办发〔2015〕33 号文),2016 年上半年青岛黄海学院组织了山东省外贸新业态主体申报,8 月 3 日至 5 日,山东省商务厅会同省财政厅、省口岸办、青岛海关、济南海关、山东检验检疫局、人行济南分行、省税务局、省邮政管理局等部门单位和相关院校、电商协会专家,对申报省级外贸新业态主体进行了集中评审。2016 年 10 月,山东省商务厅等九部门下文批准青岛黄海学院为青岛地区首家山东省跨境电商实训基地。2017 年,青岛黄海学院组织申报全国跨境电商人才专业培养示范校;2018 年 3 月,青岛黄海学院被全国外经贸职业教育教学指导委员会授予全国跨境电商专业人才培养示范本科院校称号。

第六节　全国民办高校创新创业示范校的创建

为把国际电子商务学院与大学生网上创业园"院园合一"校企协同育人成功经验向全校推广,2015年年底我向学校申请成立创客学院,2017年在创客学院的基础上成立创新创业教育学院,以整合校内外教育资源,推进全校的创新创业教育工作。学校任命我兼任院长。创新创业教育学院的主要职责是致力搭建"学校主体、政府主导、行业指导、企业参与"的科技创新、文化创意、网上创业三大创客平台。一是继续完善大学生网上创业园,并根据青岛数字经济蓬勃发展的趋势,逐步将大学生网上创业园升级为大学生数字经济创新创业孵化园,进行电子商务、跨境电商、互联网金融、数字媒体等资源型数字经济和大数据技术、云计算、虚拟现实、智能科学技术、物联网技术等技术型数字经济产业的创业孵化。二是适应青岛西海岸新区"影视之都"的发展趋势,与山东星科集团等单位紧密合作,2017年起开始在学校虎山校区建造影视文化创意孵化城。三是依托学校工程训练中心、华东产教园区、工业机器人研发中心和工科实验室,积极筹建大学科技产业园。

2016年年初,根据山东省教育厅要求和学校工作安排,学校出台了《青岛黄海学院创新创业教育改革方案》《青岛黄海学院创新创业教育领导小组名单》《青岛黄海学院创新创业学分认定管理办法》三个文件。文件的主要内容是加强创新创业教育工作领导,明确提出创新创业教育"面向全体学生、全体教师参与、融入人才培养全过程"的要求,开展创新创业教育,重在对教学方法、教学内容、考核内容进行改革。《青岛黄海学院创新创业教育改革方案》的实施标志着青岛黄海学院创新创业教育进入新阶段,全校上下都认识到校企协同育人的重要性,积极进行课程改革,实施学分积累和转化制度,把创新创业教育与学时、学分、学程、学位以及教师工作量结合起来;健全了集创业苗圃、创业培训、创业孵化、创业加速、创业跟踪于一体的服务平台……从而构建了一个内外协同的制度保障与服务体系。

2015年11月30日,教育部职业教育管理能力提升现场观摩会在青岛黄海学院召开。教育部职业教育与成长教育司综合处副处长宁锐、山东省教育厅副厅长徐曙光、青岛市教育局李一鸥和14个省市有关部门的领导40余人齐聚我校大学生网上创业园观摩指导。"青岛黄海学院搭建孵化平台助力学生创业"等实践活动被中央电视台、青岛电视台等媒体报道。2016 年,董事长刘常青在20 国集团民间社会会议上作了题为《在创新驱动中实现发展 在创业教育中作出贡献》的主旨发言,介绍了贫困大学生在"黄海"实现人生梦想的成功案例。2016 年,"黄海 e 代人"创客空间被科技部评为国家级众创空间,我校被中国民办教育协会授予全国民办高校创新创业教育示范学校称号。2016 年 11 月 10日,"全国民办高校 2016 年质量提升暨创新创业教育示范学校评选表彰大会"在济南召开,董事长刘常青和我参加了会议,中国民办教育协会高等教育专业委员会主任季平和山东教育厅副厅长王坦等领导为刘常青颁发了奖牌。

2017 年以来,我校坚持"融合、协作、深化、提高"推动创新创业教育走深走实,"融合"指的是思创融合、专创融合、科创融合、产创融合、赛创融合,致力于专创融合的"金课"建设;"协同"指的是校内外协同,政、校、行、企四方聚合联动;"深化"指的是深化"院园合一"机制,校企协同育人;"提高"指的是注重成果导向,推动工作室制项目化教学,全面提升人才培养质量。2018 年,我校位居京领新国际和创业时代网联合发布的"中国民办大学创业竞争力排行榜 300 强"前列。2019 年,我校被评为"全省创新创业典型经验高校"。2021 年,我校"院园合一"的协同机制入选教育部首批产教融合实训基地优秀案例。

第七节　基于全产业链的青岛影视文化
产业发展研究

影视文化产业链不仅指影视文化作品创意、创作、制作、发行的生产流程链,而且指在这个生产链基础上向上游拓展进入技术研发环节,向下游延伸进入市场衍生环节,由此所形成的影视文化生态链群。首先,影视文化产业链是指包括电影、电视剧、电视节目、动画片(动漫)及延伸出的网络游戏、主题公园等影视业态链(电影和电视剧是主体),旨在围绕影视文化产业基本业态链构建电影产业、电视产业、动漫产业、新媒体产业、影视旅游产业等产业集群。其次,影视文化产业链是指围绕影视文化产业主要业态所形成的市场、创意、剧本、融资、制作、发行、器材、渠道、衍生产品等环节过程链,旨在围绕影视文化产业过程链构建策划体系、融资体系、制作体系、展示交易体系、后产品开发体系等产业集群。再次,影视文化产业链是指影视文化内容提供商、主创团队、制片商、发行商、影视受众等供应主体链,旨在围绕供应主体链产生票房经济、明星经济、广告业、唱片业、游戏业、衍生品开发、转播、网络版权、群演等产业集群,并辐射出持续的经济能量。

影视文化产业链的实质就是影视产业及相关产业的关联、合作、融合、共生发展,这种关联、合作、融合、共生的实质是各产业单位之间的价值逻辑关系、技术经济关系、供给需求关系、时空布局关系及孵化集聚关系。这五种关系分别构成了影视文化产业的价值链、企业链、供需链、空间链、孵化链等五维生态链条。青岛影视文化产业链是基于青岛"世界电影之都"的区位、文化、经济、社会优势和历史传统,根据青岛影视文化产业市场专业化分工,各个影视产业部门基于以上五种关系形成五维链条。

基于青岛影视文化企业的产业链完整度低、产业结构和层次有待提升、人才匮乏等现实问题,青岛影视文化产业创新发展的基本途径是全产业链战略,即全流程优化影视产业价值链,全要素保障影视产业企业链,全配套完善影视产业供需链,全地域统筹影视产业空间链,全方位打造影视产业孵化链,为影视文化企业提供全流程、全要素、全配套、全地域、全方位的服务,满足影视文化企业的需求。

一、全流程优化青岛影视文化产业的价值链

1. 消费升级驱动影视文化产业发展

根据马斯洛的需求理论,对美好生活的向往尤其是文化休闲的精神娱乐需求强劲增加必然导致整个社会消费普遍升级,人们不再只满足于实物性消费,而对以影视文化为代表的象征性服务消费的需求日益强烈,消费升级成为文化产业发展的驱动力。青岛以打造影视文化产业全产业链为突破口,大力推动文化产业的发展。

2. 青岛时尚城市品质促进影视文化产业向价值链高端迈进

基于"天然摄影棚"的地理优势、百年影视传承及影视人才辈出的资源优势,青岛自然而然地和谐演绎着城市与影视的共生关系。2015 年,青岛文化产业增加值达到 557.3 亿元。2017 年,全球最大万米摄影棚竣工使用,吸引 120 余家影视企业落户青岛,14 部好莱坞大片在青拍摄。2018 年,170 余家影视机构入驻青岛东方影都,《环太平洋 2》等 25 部影视作品在此完成拍摄。然而,影

视产业能否成为国家精神造就者时常遭到人们的质疑。对于此时强力介入影视发展的青岛而言,它需要面对影视文化产业价值起伏发展的曲线下行压力和奉献社会优秀精神食粮的高价值需求。影视文化作品具有价值共享性,能够满足消费者共同的情感需求、精神追求和休闲娱乐需要。在影视文化产业价值链中,不应把目光集中在票房分账的经济价值所带来的区域经济 GDP 上,而要形成一个"上游开发、中游拓展、下游延伸"的产业价值链条;着眼于对青岛社会文化氛围的营造和市民文化修养的提升及精神娱乐生活的丰富等长远社会价值影响,以高质量的精品力作强力突围低端市场,抢占全球影视文化产业链中高价值区。

3. 基于微笑曲线流程,再造优化青岛影视文化产业价值创造分布模式

青岛影视文化产业正处于起步阶段,存在与其他地区影视产业激烈竞争的压力,大电影产业价值链尚不完善,上下游衍生产品还不具备规模效应,应坚持问题导向,对影视文化的创意创作、拍摄制作、发行交易到衍生产业进行流程再造和优化提升,从源头做好资源的整合与汇聚,形成闭合式的产业链。例如,可进一步挖掘青岛地区的文化精髓,从中培养出具有国际影响力的佳作,借鉴迪士尼的模式,并与旅游结合起来,打造青岛特色影视旅游项目,增加产业附加值。从影视文化产业的微笑曲线来看,影视文化产业前期的项目开发、编导创意、投融资和后期的放映发行、营销、衍生品等经济附加值较高的高端环节不在青岛影视文化产业园内进行,而影视作品的拍摄、制作等低附加值的中间环节则在此进行。因此,基于影视拍摄制作环节的优势,向上游和下游延伸建立全产业链是青岛影视文化产业转型升级之需。

二、全要素保障青岛影视文化产业的企业链

1. 基于生态系统的青岛影视文化企业竞争力提升

在影视产业全产业链视阈下,影视产品的研发、创意、投资、剧本、拍摄、制作、发行、放映、宣销、交易、教育、播出、衍生产品和延伸产业开发等每个链环节点都聚集有竞争关系的同类企业群,链环与链环之间形成具有交易供需关系的上下游企业链。各类影视文化企业主体所构成的企业链条需要平台、资本、技术、人才等全要素的保障,以形成"影视 +"企业生态系统。

2. 完善影视文化产业企业链的线性拓展全要素策略

青岛已初步搭建了影视文化企业发展的平台。青岛通过灵山湾影视文化

产业区和影视文化产业园的建设,初步搭建了影视企业聚集的物理空间,带动了会展旅游、数字娱乐等关联产业的发展。灵山湾影视文化产业区集聚影视产业项目总投资近 2 000 亿元,累计完成固定资产投资超过 900 亿元,拥有 30 个摄影棚、24 个置景车间和多个外景地。建设影视文化产业园抢占了影视文化发展的制高点,搭建了影视产业聚合发展的平台,而有了平台就需要政策的支持和资金的注入,从而引进和培育影视文化企业形成企业链。青岛市建立了总规模 50 亿元的影视产业发展专项资金,连续五年对在影视文化产业区内完成的优秀影视作品给予最高 40% 的制作成本补贴。已向《长城》剧组发放首笔 1 600 万元的补贴资金,累计吸引入驻影视企业 200 多家。但仍需对青岛影视文化产业链各环节同类企业群和上下游企业链的建设加大力度,在全国乃至全球构筑新的竞争优势。切实采取有效措施,引进影视文化龙头企业和对影视文化产业发展有拉动作用的实力影视文化企业,一企一策,给予土地价格、落户补助、房租补贴、贷款贴息、贡献奖励、人才激励、金融服务等优惠措施,设立专项资金对青岛影视文化企业所拍摄的原创精品给予奖励,对影视文化企业和影视文化优秀作品实施扶持推介。不仅要引进大的影视企业,也要培育小微企业;不仅要接纳别地的影视企业,更要养育自己的本土企业,深耕影视文化企业创新创业的土壤。

3. 完善影视文化产业企业链的立体融合策略

立体拉大影视文化产业企业链的基本策略是在完善"内容+渠道+衍生品"全产业链的基础上,重点实施"影视+"的融合式发展战略,交叉融合,将影视文化产业进行跨界延伸,建立立体交融的影视文化全产业链。"影视+儿童"旨在发展儿童动漫电影,用荧屏讲述小朋友喜闻乐见的动画故事,建立儿童影视电影城、儿童影视儿童乐园、儿童影视工作坊等,为儿童营造快乐成长的童话世界。"影视+海洋"是青岛的特色产业项目,将海洋搬上荧屏,用电影解密海洋,让海洋世界走进千家万户。让"影视+"成为青岛产业发展新方向,使"影视+游戏+衍生品"成为泛娱乐姿势。2014 年以来,越来越多的互联网公司进入影视文化产业,正在用大数据重构影视文化产业链,"互联网+影视"成为影视企业发展的新蓝海,青岛影视文化产业的企业链有必要向 3D、VR 等影视技术企业拓展,为未来定制化影视内容服务的产业发展做好铺垫。适应"影视+旅游"的发展趋势,推进"影视文化+文旅+特色小镇"新模式;推而广之,"影视+体育""影视+金融""影视+科技""影视+教育""影视+房地产"都是被证明切实可行的商业模式和行业新业态,寻求混合媒介的协同优势成为影视产业发展的驱动力,推动青岛形成影视、文化、体育、教育、娱乐、旅游、房产、金融、科技、特色小镇等行业企业共生共荣的良好局面。影视文化企业之所以云集青岛,在于青岛有影视文化巨大的利润市场,青岛影视文化产业的企业链背后是企业市场利润链,青岛要打造影视文化产业的企业链就需要打造影视文化产业收入和净利润大幅增长的聚宝盆,企业自动往利润地云集,利润链背后是企业之间的供需链。

三、全配套完善青岛影视产业的供需链

1. 消费需求再造影视文化产业链条

产业链始于消费需求,终于消费需求。消费需求链条与生产供给链条对接度影响产业集群的发展。谁设计的产业链最符合消费需求链条与生产供给链条对接的效度,谁就能实现最优的产业链条。影视文化产业链的形成首先由影视文化社会分工引起,在上下游企业交易机制的作用下不断引起影视产业链组织的深化拓展。影视文化产品只有通过消费才能实现产业价值,产业价值只有在不同产业部门供给、需求之间的链条上转化才能实现价值最大化,其本质体现了"1+1>2"的价值增值效应。产业供需链之间的企业不仅是交易关系,更是一种合作关系,这种供需交易频繁、不对称、技术与服务质量不高等因素会制约整个影视文化产业的高质量发展。

2. 青岛影视文化产业供需链的均衡发展和资源整合

从青岛影视文化产业供需链实际看,其存在如下问题:一是各链环发展不平衡,一些优势环节发展较快,而另一些环节因竞争力不足,其发展受到一定制约,如制约了上下游影视文化企业之间高质量供需交易。这就需要整合影视文化全产业链的力量,从行业和市场两个角度进行全产业链的纵深合作与协同发展,促进供需有效对接。二是青岛影视文化产业链环分割过细,形成供需双方的制约关系,增加了影视文化产业的交易成本,所以,有必要整合上下游影视企业,实现供需链中技术链和信息链的有效对接,进一步整合影视文化企业的内外部资源,增强上下游影视企业技术协同创新。由此看来,加强影视文化产业一体化建设是一种方向,由影视文化产业链中的核心企业向上下游企业一体化扩展形成一个影视文化集团,从而将多个产业链环纳入同一经营体,建立供需双方合作共赢、利益相关的命运共同体。影视文化产业"巨无霸"会形成一

家独大的市场垄断,失去市场竞争公平性,存在"船大难掉头"的市场失灵性和"把鸡蛋放在一个篮子里"的风险性。

3. 聚合优质影视资源,全配套完善供给链平台

影视文化产业链中存在价值的交换关系,上游环节向下游环节输送产品或服务,下游环节向上游环节反馈需求信息,在供需相互对接的均衡过程中形成产业供需链。有效的对接机制支配着影视文化产业生态圈的形成与完善。固然青岛通过建设影视产业园区提升产业的硬件基础,但是,打造供需链的整体发展环境是影视产业发展的深层给养。基于青岛影视产业的发展现状,我们亟须搭建完整的影视产业供需链,布局全产业供需链,搭建敏捷、高效的供应链平台。同时,要完善影视文化产业供需链,实现一站式采购,如当地影视人才和影视器材道具不能满足需求,剧组就需要从外地携带配备,会无形中增加拍摄制作成本,当青岛影视产业配套政策逐渐减弱后,就丧失了吸引剧组来青拍摄的比较优势。为了青岛影视产业链条中企业之间供需的持久发展,需要筑牢利益链,协调地方政府、影视投资商、当地居民和影视作品客户之间的关系,建立系统化、专业化、一体化的运营体系。发展影视文化产业需要坚持市场化运作,不断提高影视全流程的投资制作能力,加强对优质影视资源的聚合能力,特别要谨防资本吹大青岛影视文化的市场泡沫,实现地方经济社会发展、投资者获利、居民收益、消费者满意等多方共赢,形成可持续发展的平衡关系。

四、全地域统筹青岛影视文化产业的空间链

1. 缩小产业配套半径

从事影视文化活动的企业为了实现自身利益的最大化,遵循着"遵优推移"原则,自觉往影视文化活动的最优区位扎堆集聚,优化影视文化产业的空间布局。最优区位拥有优势的资源禀赋、完善的影视产业配套、较小的产业配套半径,日益形成影视文化完整产业链。

2. 完善"1+N"影视产业发展格局

青岛东方影都的建设,虽然没有打破我国影视产业在北京、上海、横店的空间链,但影视文化产业向青岛聚集的趋势明显,2018年在青岛拍摄了《流浪地球》《疯狂的外星人》等优秀影视作品。想把青岛的影视文化产业放在全国乃至全球的空间角度确定自己的优势与定位,必须清醒地看到北京、上海、横店、深圳、厦门、宁波等地都在暗暗发力,青岛应有魄力走得更远。而青岛影视

文化产业的主要空间布局正往西海岸集中：上合组织国家电影节在西海岸星光岛上举行，"金凤凰奖"落户西海岸，青岛灵山湾影视文化产业区、藏马山大型摄制影视城等在青岛西海岸落户，西海岸发展集团等本土公司在进行产业链上下游产业的资本化运作……从空间链角度来看，青岛西海岸影视文化产业带优势凸显，开始彰显青岛影视旅游的品牌效应，影视文化、科技体验、海岛度假、海上运动开始组团发展。青岛西海岸影视文化产业带以灵山湾影视文化产业区为依托，拥有不断完善的产业链，影视文化产业各链环能在产业适中的配套半径区域内寻求资源匹配。但这一规划仍在不断建设、实施中，产业配套仍需健全，对于游戏、动漫、电视、主题公园等产业重视度不够，产业集群效益有待进一步强化；以灵山湾影视文化产业区为龙头，带动并辐射青岛其他地区的影视产业发展，形成一核引领、多点发力的"1+N"影视产业发展格局。2018年以来，青岛市市南区将"时尚+"的理念与影视文化元素结合起来，加强了创意文化产业和动漫产业集群建设。2019年2月，青岛广电传媒产业园区落户青岛中央商务区，李沧区、崂山区、城阳区、即墨区、胶州市等纷纷布局，争相进入影视文化产业，这促使青岛不断加大全域统筹、资源整合的力度。基于空间布局的全产业链整合，可在水平整合、垂直整合、混合整合三个方向运作。

3. 完善青岛影视文化生态圈

随着互联网时代快餐文化的发展、碎片化的传播，影视传媒进入了一个微时代，微视频、微信、微博、微小说、微访谈等方兴未艾。在推进青岛影视文化产业发展过程中，有必要充分考虑从大电影到微电影，从电视剧到广告剧全链条融合的空间布局，全链条聚集资源。在影视文化产业发展的黄金时代，既需要"风口飞猪"式地乘势而为，打造中国影视文化产业的黄金地带，更需要高端发展、高品位培育、高起点引领未来发展，以适应风口过后优质发展的"内容为王"阶段。无论是电影、电视，还是游戏、动漫、短视频等都有其生命周期，要使产业持续健康发展，就需要超越影视文化产业低档、低质、低效竞争洼地，进入高层级、高质量、高效能发展高地，结合青岛实际，因地制宜，向衍生品、旅游等影视全产业发展，融合创变培育影视新生态，形成"影视拍摄制作基地+影视文化聚集区+衍生品产业区+影视旅游+商业娱乐"的空间布局，高起点建设完整的全配套影视产业生态圈，形成与浙江横店、北京怀柔等地差异化的国内影视产业空间布局，抢占新一轮竞争的制高点。

五、全方位打造青岛影视文化产业的孵化链

1. 问题导向下的孵化机制构建

尽管青岛影视产业正蓬勃发展,但其仍面临三个方面的问题。一是"内容为王"的制约。没有剧本的繁荣就没有影视产业的繁荣,因此,应加大剧本创作的激励力度,打造高水准、市场化的影视精品力作。二是影视人才短缺。影视文化产业是一种创意经济,核心竞争力是人的创造力。影视作品受制于影视人才,只有云集高素质的影视人才才能产生好的创意、优质的内容和优秀影视作品。解决影视人才问题,需要拉大影视文化产业链条,在影视人才引进、培育的过程中实现高、中、低端全线突破:首先,要引进影视高端人才,筑巢引凤,建设影视文化研究院、影视产业智库、电影实验室、导师工作室、人才猎头机构,举办电影节和学术交流活动,全球聘请影视人才;其次,要进行中端影视人才孵化,以高校为依托,创新影视文化人才培养机制,加大对影视文化专业集群建设的扶持力度,强化影视人才培养;最后,要开展低端基础培训,建设影视技工学校、艺人培训机构、编剧培训机构,面向大中专毕业生进行专业培训和继续教育,面向社会零基础人员进行编剧、服装、化妆、灯光、置景、道具、演艺等方面的培训。通过影视人才孵化链条构建促进影视专业建设、人才培养改革,为青岛影视产业发展提供人才智力支撑。三是平台搭建不完善。培养影视人才和孵化影视产业需要平台,孵化机制跟不上将是青岛影视文化产业发展面临的阶段性阵痛。有必要把协同论和"三螺旋"理论运用到影视文化产业孵化平台构建实践中,跨界融合,异业结盟,合作搭建人才培养、生产经营、文化创意、创业孵化、社会服务于一体的孵化平台。依托青岛得天独厚的影视文化资源,打造涵盖影视产业和影视人才的双孵化平台,形成以人才培养、文化创意、影视制作、配套服务等功能聚合的影视文化产业孵化基地,完善"众创空间—孵化器—加速器—产业园"的孵化链条。辐射学校影视人才培养改革的前端和产业化承接地的后端,辐射后端重在产教融合,推进"学业+产业+创业"三业融合的育人模式,基于创新创业创客开展实训式影视艺术人才培养,培育全产业链的影视人才;辐射后端旨在孵化影视小微企业。在搭建影视文化产业孵化平台方面,青岛建设灵山湾影视文化产业区,吸引了不少成熟企业的加入,产生了一定的经济效益,也拍出了一些质量较高的作品,但也有可持续发展的担忧,因为吸引来的不少企业多为影视文化传统企业,历经发展高峰后必将进入发展瓶颈期,面临下行发展压力。因此,应面向未来,以战略思维规划青岛影视文化产

业发展,实现从跟跑到领跑飞跃的战略转型,以长远的眼光和系统的思维科学谋划。在山东新旧动能转化的背景下,青岛不能再错过"影视＋"发展的新机遇,应通过全力打造青岛的影视文化全产业孵化链,孵化青岛自己的影视文化企业,培育自己的影视文化产业。

2. 推进"影视＋孵化"战略

创意无限的影视文化产业与对未来充满创业梦想的青年人具有很强的契合度。作为创业青年较为集中的"影视之都",青岛有必要搭建创意、创新、创业、创造的影视创客平台,通过建设影视文化创意街区、创新集市、创新嘉年华、创造小镇、创客空间等孵化平台,推动"影视文化未来＋"。整合上下游影视文化及相关产业资源,充分挖掘青岛影视资源,实施"影视＋孵化"战略,开展多个影视文化业务领域孵化,全面打造影视文化创客集聚区,为影视青年提供全程、全方位的创业服务,营造创新创业土壤与环境。根据影视文化企业不同的发展阶段,让影视文艺青年和群众演员首先进入风格各异的影视创客空间,进行培训孵化,使其在创业环境中把创意变为现实。分别针对大学生、群演、影视文化企业、影视剧组搭建一站式创业孵化服务平台,不断整合影视文化产业的物理空间链和政策服务链。在青岛影视相关专业的院校里,政、校、行、企四方聚力影视文化产业创业孵化,共建影视文化创业孵化园、科技园,举办影视文化创新创业大赛,搭建影视人才成长的场域,进行学、产、创、研、训融合化实训式人才培养,把青岛建设成为我国影视文化全产业链"人才高地"。

影视文化产业价值链、企业链、供需链、空间链、孵化链五维互动,形成对接融通机制,在产业上下游同时发力,建链、补链、延链、强链,提升全产业链发展水平。全产业链发展意味着"时尚青岛"建设将在影视文化产业高质量发展上实施战略聚焦、饱和攻击、精准发力,为青岛经济转型升级赋能。

第四章 产教融合

第一节 应用型高校产教融合发展路径研究

应用型高校的高质量发展在于打开边界,"真融"入区域产业发展生态,"真合"到服务地方社会经济发展的轨道上来。构建应用型高校产教融合新生态,需要依据应用型人才培养的基本特性,遵循产教融合的基本理论,开辟应用型高校产教融合的实践路径。

一、应用型高校人才培养的基本特性

应用型高校是以培养应用型人才而服务区域经济社会发展的,办学突出需求导向,学科专业面向地方产业,发展路径在于产教融合,人才培养突出能力本位,教育教学重视实践实训,质量标准强调人才实用与好用,办学效益在于对地方发展的贡献。应用型人才培养要摒弃"纸上谈兵",凝练实战真谛;不能虚拟仿真练"假把式",需要在真实的场景中真枪实弹地练真功夫。想练就真本领,需要遵循应用型人才成长规律,构建手脑并用、知行合一、教学做一体的人才培养体系,开展融合式教育,即校地融合、产教融合、理实融合、教学融合、五育融合、科创融合,培养适应区域经济社会发展需要,具有爱国情怀、社会责任感、创新精神、实践能力和国际视野的高素质应用型人才。集中表现为应用型高校办学的地方性、人才培养的协同性、课程教学的体验式、教学过程的生动性、学生视野的开放性、学生能力的创新型、学生素养的人文性、应用科研的学术性等。

亦校亦城,突出地方性,强化"适应"主题。校在城中,城在校中,校城融合,同频共振。应用型高校的根深扎于地方,根植于地方的沃土。应基于社会需求逻辑设置专业,突出产业性,促进学科交叉融合,使专业集群对接地方产业链和创新链,建立适应需求、根植产业、服务发展的学科专业体系,形成与区域经济社会发展联动的人才培养机制和服务体系。学校与地方环境是共生、共建、共享的关系,与地方环境之间形成一个共生共荣、生态互动的有机整体,实现彼此的能量交换。地方特色是应用型高校最大的特色,但地方化不意味着高校只适应和拘囿于狭小的区域,更体现了高校对地方发展、社会风尚的引领和国际化视野;地方化不只是展现当前地方优势和对过去的文化传承,更体现为教育为未来、面向世界培养人才的责任担当。

亦校亦企,突出协同性,强化"应用"主题。应用型高校是一个跨越教育与产业、学校与企业的融合体,遵循协同发展理念。协同是一种理念、一种方法、一种路径,使政、校、行、企聚合联动,凝聚多方力量形成合力,建设一批校政、校企、校地、校所协同育人的平台。应用是多方协同的动力和目的,高校应基于应用逻辑构建应用型课程体系,明确区域企业需求,写好学校与企业结合这篇大文章,构建"专业—产业、师生—企业、课程—项目"三维联动的培养机制。突破学科逻辑和学科本位,按照行业、产业、企业适用性和针对性设计课程模块,推进"学校课程—企业课程—企业化课程"的迭代升级。强化对学生动手实践能力的培养,培养学生会干、能干的实践品质。

亦工亦学,突出体验式,强化"实践"主题。理实融合,学用结合,教、学、做一体是教育教学的基本规律。应用型高校坚持理论联系实际、理论与实践相统一,学以致用,用以促学,构建理论教学和实践教学交替进行的教学模式,形成"理论—实践—理论—实践"闭环系统,将真实商业、工厂环境作为实践场景,让企业技术人员进课堂,带着企业项目进课堂,开展体验式教学、工作室制项目化人才培养,培养学生在真实情境下解决复杂问题的实践能力。

亦学亦教,突出生动性,强化"个性"主题。坚持课比天大、以学定教的教学理念,抓课堂、抓课改、抓课业、抓课程,促教师的教、学生的学,全面提高教学质量。聚焦课堂抓课改,抓课堂主渠道,推进实现课堂革命,让课堂活起来。尊重学生的个性差异,注重因材施教,推动翻转课堂、混合式教学改革、课岗对接、课证融合、课赛融通,推进"工作室+微学习"教学改革,实现学生参加学科竞赛和创新创业教育全覆盖。实施分类培养,完善学分制、导师制、书院制,推进小班化、特色化、个性化教学,满足多样化人才的成长需要,让学生有获得感。聚焦课业抓学习,严格学业管理,让学生忙起来。抓学风、抓实习、抓考试、抓毕业、抓阅读、抓社会实践,加强学业管理,提高毕业难度,增加课外学习时数,适量增加学生的课业负担。聚焦课程抓研发,建设一流课程,加强课程标准、教材建设,优化课程体系,丰富优质课程资源。

亦中亦西,突出开放性,强化"国际"主题。既要坚定文化自信,发挥本土优势,又要达到国际标准或成为国际标准,推进国际实质等效的专业认证,把"外语+"作为人才培养的刚性要求,推进人才培养标准的国际化、课程的国际化、师资队伍的国际化、办学环境的国际化,促进学生培养的国际化,培养学生的国际视野,实现国内外结合、多文化融合,向全世界推广中国应用型人才培养范式。

亦创亦研,突出创新性,强化"创造"主题。应用型高校的两个突出特征是创中研、研中创。培养敢闯会创的时代新人是应用型高校的功能性内在要求,突出应用型科研是学术共同体的本质体现,学生通过创新创业的形式参与应用型科研,促进自己的学术成长、学业研修和创造力培养。因此,服务学生成长成才,建设创业型、开放性大学是每所应用型高校的必经之路。校、地、企协同,课、岗、证融通,训、赛、创一体,产、学、研结合,"创"文化氛围浓厚,"创"元素融入课程体系,推进创新创业教育与专业教学深度融合,培养有创意、能创造、善创业的新时代应用型人才。

亦德亦文,突出人文性,强化"化人"主题。紧扣立德树人的根本任务,注重以文化人。应用型教育是学做人与学做事相统一的教育,是理想信念教育、思想政治教育、学科专业教育、通识人文教育的综合体,人文教育让应用型教育超越职业教育的社会本位,回归人本位的人文关怀。将思政教育、美育、中华优秀传统文化、专业教学四者有机融合,课内教学与课外活动融合,显性课程与隐性课程相结合,中国特色、中华文化与国际标准融合,实施"使人成为人"的全人教育。

亦学亦问,突出学术性,强化"服务"主题。应用型高校是研究应用型学问的殿堂,教师以学术为生存状态,学生以学问为生,教师和学生不仅向书本更向实践求学问道。问与学,相辅而行者也,非学无以致疑,非问无以广识。应用型与学术性相对应,应用型不排斥学术性,应用型大学提升应用水平,就要从提高学术水平开始。高校没有一定的学术水平,就无法有效地服务社会;其学术水平越高,应用能力便越强。因此,应用型高校应强化科教融合,提高学术育人水平,促进人才培养、科学研究、社会服务融合发展。

二、应用型高校产教融合的理论依据

相较于校企合作，产教融合突破学校和企业单一个体"一时一地一校一企"的合作模式，上升到类的层面，从单体学校到教育转变，从对接单体企业向融合产业链转变，经过产教融入、融通、融创三阶段演化和递进过程，实现教育链与产业链的有机衔接。首先，打破产业链里企业和专业群里学校的组织壁垒，向对方开放，放开资源，允许对方融入，在人才、平台、仪器等方面实现合作。其次，从融入走向融通，实现更大、更深的交集，以平台化思维建立起高校和企业彼此包容合作、资源共享、开放互动的创新共同体。最后，产教融合创变，实现双方价值增值，促进创新发展。

实施产教融合推进应用型高校建设有其理论依据和现实需要，在国家战略层面，基于马克思主义教育与生产劳动相结合的教育理论，全面贯彻党的教育方针；在各级政府层面，基于系统论和生态理论，实施教育优先发展战略；在学校层面，基于"三螺旋"理论，推进产、学、研、创一体化发展；在学科专业层面，基于协同论，促进区域产业发展；在二级院系层面，基于场域理论，建立学场与职场统一的基层组织；在课程教学层面，基于体验式学习理论，促进应用型人才培养质量的提升。

在国家战略层面，坚持马克思主义理论指导，全面贯彻党的教育方针，明确社会主义办学方向，扎根中国大地办应用型本科，坚持教育与生产劳动和社会实践相结合，培养全面发展的人，既体现了马克思主义辩证唯物主义认识论"实践出真知"的核心思想和教育的生产力本质，也体现了黑格尔"正反合"的辩证法思想，产教融合是教育与生产劳动和社会实践在更高层次的融合形式。

在各级政府层面，基于系统论和生态理论，统筹经济建设、政治建设、文化建设、社会建设和生态文明建设"五位一体"的战略部署，实施教育优先发展战略，适应教育强国发展战略需求，办好满足人民需要的应用型高等教育。

在学校层面，基于"三螺旋"理论和资源依赖理论，构建了政、校、企共生共荣体。在高校规模扩张之后转入内涵式高质量发展的新阶段，基于政府、学校、企业"三螺旋"理论，构建政、产、学、研、创融合机制，培育引领社会创新发展的动力源，实现经济价值与社会价值的统一。

在学科专业层面，践行开放协同论和跨界融合思想，突破"就教育论教育"的思维模式，打破组织边界，融入地方，对接产业，根据区域产业发展，动态调整学科专业设置，为新技术、新产业、新业态、新模式留足学科专业发展空间，建设好新工科、新文科、新农科、新医科。

在二级院系层面,基于场域理论,职场是更大的学习场,学业置于产业、学工置于工厂、学农置于农场,营造学场和职场一体化的应用型人才成长场域,产教融合落实到二级学院才能落地生根,实现二级学院与产业园合二为一、学习的教室与工作室合二为一,推进应用型本科工作室制人才培养。

在课程教学层面,基于体验式学习理论,体验重于知识,强调在做中学、在事上练,知行合一,注重学习的行动性、有效性。当今社会已经进入体验时代,没有体验行为的学习是伪学习。

三、应用型高校产教融合的实践路径

产教融合之基在于通过利他来实现利己,基于长期主义在发展和利益上实现互惠共赢。产教融合之要在于制度的突破和创新,建机制、搭平台、有实效,你中有我,我中有你,融为一个有机体。

1. 构建"地方产业链—应用型专业群—二级学院—产业园"的链式联动机制

以链建群。专业群对接地方产业链。发展应用型高校,需要发挥专业建设的龙头作用。专业是相对职业而言的,是服务学生毕业后的职业或职业岗位需求。职业和职业岗位是历史概念,随着产业产生、发展、消失而动态变化。专业、职业、产业具有联动关系,新经济发展产生新职业,倒逼专业调整和优化,影响专业发展处于不同的生命周期。应用型高校的专业设置从资源逻辑向需求逻辑转变,瞄准区域产业,盯紧行业企业,下移重心,降低身段,实现高质量发展。地方产业发展到哪里,专业就建设到哪里,人才培养就聚焦在哪里,因此,应适应地方行业、产业链的发展,构建应用型专业集群,突出专业设置对于产业发展的适度超前性。

以群建院。专业群建设的核心是课程,是自变量;教师、设备设施、教学资源、实训场地、课堂和教材教法、治理机制等是因变量,统筹自变量和因变量的责权利的实体单位是二级学院。根据对接地方产业链的专业群对二级学院进行机构重组,同一群内专业集中同一学院内,使二级学院具有对接地区行业协会和地方产业链的行业学院和产业学院的特征。以二级学院为单位统筹专业集群内的人才培养方案、师资力量、实验实训设备等资源,实现战略聚焦和资源聚合,着力建设基于专业群的优质课程群。

以院建园。建一个应用型专业可由学校成立一个企业,由师生成立一批

中小微企业,或合作或引进一批合作企业,二级学院是专业群集合体,而且在同一个学院内专业之间具有链式或裙带关系,其关联企业具有链群关系,二级学院对应一大批企业资源,应用型高校有目的、有计划、有意识地整合这些企业资源,能建立起具有产业链和创新链的中小微企业聚集的产业园区。根据产业特点,基于对接专业集群的二级学院搭建实践平台——产业园。二级学院是产业园的人才库、智力源,产业园是二级学院人才培养的实践场、孵化器,二者有机融合,共生、共荣、共赢,结成校企命运共同体。

2. 搭建"二级学院+产业园'院园合一'"产教融合平台

产教融合机制运行需要平台支撑,跨越产业和教育搭建一个"亦校亦企"融合体,这个融合体可以是多所高校对接多家企业的园区大学城,抑或是一所高校与一家企业的厂校一体集团。对于不具备园区大学城和厂校一体条件的应用型高校而言,探索"二级学院+产业园'院园合一'"的机制不失为很好的选择。"院园合一"在高校内部搭建了专业群对接产业链、创新链的平台,产、学、研、创、训等要素资源共享平台,"专业+产业+创业"融合、校企协同育人的物理空间和实践平台。平台的运行主体是二级学院的师生,每个人是运用专业知识进行创新创业的实践者,通过企业入校、企业项目入校、企业人员入校建立企师共创、企生共创、师生共创、学生自创的工作室,在二级学院建立准企业和中小微企业云集的不是产业学院而是产业园,实行二级学院与产业园一体化运作模式。"院园合一"消除了专业与产业之间信息的不对称性和专业人才培养的滞后性,缩短了专业和产业之间的距离。学生在校期间既学专业知识,又能从事专业对应的职业实践,有利于专业能力的提升、专业素养的提高,也能减少毕业后专业与产业严重脱节的现象。"院园合一"建设思路在于建设"四有""四不同"实体,即建设有编制、有场所、有职责、有经费的"四有"实体,使之成为不同于"二级学院+产业园"的教学功能,不同于社会产业园又体现产业与人才的孵化功能,不同于实训实习基地又体现专业实践的实战性质,不同于校办工厂、附属单位或职能部门却隶属学校服务人才培养需要的"四不同"单位。

3. 建立健全应用型人才培养的基层组织——工作室

在"二级学院+产业园'院园合一'"的平台上,建立师生群体广泛参与的理实一体、项目导向的工作室,成为应用型高校产、学、研、训、创、用一体化融合式应用型人才培养的必然选择。建立项目化团队,以项目为载体,以工作任务为驱动,着力把项目化工作室打造成实施应用型人才培养的基层组织,形成"百团大战""全面开花"的良好局面。

每个工作室的成员在 10 人以内,成为人才培养小而美的"超级细胞"和责权利统一的"蚂蚁军团",把管控式、科层式大规模标准化人才培养变成市场化小组团队学习,真枪实弹地开展项目化、体验式学习。各个工作室之间形成战略合作的生态共赢团队群,既可分工合作,又可项目竞争,更能资源共享,形成合作伙伴的关系,共同建设开放平台。在工作室团队之间、工作室团队和产教融合平台之间建立连接和协调机制,建立利益分配机制、信息共享机制、质量干预机制,避免市场化带来短期导向和小我利益最大化,确保人才培养公益性。通过工作室实现学生以工作任务融入学业、教师以专业服务融入产业、校外资源以创业项目融入人才培养的课程体系,建立"学业+产业+创业"融合的校企共同体,形成应用型本科独特的"发展经",即环境职场化,以企业真实环境打造工作室;教学情景化,把真实项目引入工作室;内容项目化,实现课程项目化和项目课程化;师资双师化,学校"双师型"教师和企业经理协同教学;成果显性化,用作品和业绩等量化学习成效,折算学时和学分。

（1）环境职场化

学习需要氛围,提升职业素养和职业技能需要职业化氛围。高校应以工作室为载体,构建职业化的教与学环境,师生同进工作室。工作室搭建"教师教、学生学"的平台,旨在建立一种"实践出真知"的体验式学习方式,通过一个个工作室的实际工作、真实项目来锻炼学生。工作室是教师的教学室、学生的学习室、专业的实践室。

（2）教学情景化

高校需要的不是具有名人光环的技能大师工作室,而是师生人人能参与并基于真实项目的教、学、做一体化工作室。首先,以工作场景布置工作室环境,即教学方式情景化。教师的职责在于帮助学生构建学习场景。高校把行业企业真实生产经营项目和创新实践项目引入工作室,以企业真实环境、企业文化打造工作室,使教学实践由虚向实,让学生在真实环境里体验式学习。其次,以工作室为单位组织项目教学。工作室吸引企业参与,以项目任务为驱动,融教育教学与企业运营于一体,排斥商业化,消除产业经营的经济效益对学校育人社会效益的负面影响,坚守育人的公益性原则,坚持育人导向,防止廉价"学生工"现象的发生。

（3）内容项目化

真实项目进课程、进课堂，即教学内容项目化。让学生从真实事件的体验中获得直接经验，主动而自然地完成对所学知识和技能的意义建构。在情景化工作室里以项目为载体、以任务为驱动，让学生直接体验、主动建构。工作室里的工作项目主要由工作任务、工作过程、工作场景和工作结果四大要素构成。在项目化教学过程中，关键环节是课程项目化和项目课程化。高校应在项目与课程转化困难的情况下，倡导跨学科、跨专业、跨课程整合项目，设计学分积累与相互转化的开放制度，使工作室工作的项目任务与课程学习互联互通。

（4）师资双师化

师资双师化是指让"双师型"教师和企业经理进工作室，以学校"双师型"教师为主、以企业经理和技术师傅为辅进行管理式教学。工作室指导教师应具备"双师"素质，不仅指导学生的理论知识学习，还具有项目经理的角色，能够承接实际的企业项目和竞赛创新项目。

（5）成果显性化

学生一面学习理论，一面学习实践。学生学习实践的过程就是生产和经营的过程，根据项目、成果的完成程度，用作品、业绩等外显性词语量化学习成效，折算成相应的学时、学分。选择适合学生的短平快且能量化考核的项目，在短周期内凸显成效，有一定的专业技术含量，提高学生的专业能力。

4. 建立健全项目化教学模式和制度保障体系

将项目纳入人才培养方案，采用一项一课、一项多课、多项一课等多种形式将实践项目与课程融合，建立项目化课程体系和系统培养体系。工作室将教学过程与岗位工作内容相融合、课程考核与岗位考核相统一，凸显了人才培养中场景带入（Connection）、项目认知（Cognition）、实战练习（Combat）、总结应用（Conclusion）的"4C"实效风格。校企合作探索形成了真实商业生态系统下的项目化教学模式，建立了层级递进的实践教学体系。集中全校人、财、物等资源支持，建设各种专业工作室。制定推进工作室制的管理办法，形成工作成效与课程成绩之间的转换机制。完善教师工作量计算、教师考核与管理等方面的激励长效机制。用业绩激励师生，用制度调动师生的积极性。

需求侧产业升级换代倒逼供给侧人才培养改革。高校应基于应用型人才培养特征和产教融合的基本理论，完善产教联动对接机制，搭建生态化的"院园合一"平台，落实工作室制项目化培养模式，完善"机制—平台—组织—项目"的内涵逻辑，使产教融合有了抓手和实践路径。应用型高校产教融合始于产业的需求,基于互惠的机制,长于生态的平台,达于融合的文化,落脚于人才培养的质量。

第二节 "院园合一"校企协同育人机制构建与实践

一、实施背景与工作目标

随着产业转型升级和学生求学需求的变化,订单培养、顶岗实习、半工半读的校企合作模式已不能满足新时期应用型人才的培养要求。为在学校体制机制层面有效解决校企合作中学校育人公益性与企业经营营利性之间的矛盾,青岛黄海学院进行了"院园合一"校企协同育人的教育实践,形成了"产业+学业+创业"的办学模式,化解了校企合作双主体的矛盾,推进了人才培养精准化,实现了资源配置最优化,切实提高了人才培养质量。

二、主要工作与实施过程

1."院园合一"校企协同

2009年以来,青岛黄海学院坚持探索开放协同、产教融合、实践育人的理念,充分发挥专业教育、创业孵化、创客教育、社会服务的优势,优化人、财、物、时、空、信资源配置,加大了机构调整和机制改革的力度。学校在市区教育局、人社局、商务局、科技局、农工委等部门的大力支持下,先后与阿里巴巴、京东、山东网商集团、青岛市跨境电商协会等开展紧密合作,投入资金2 419.97万元,政、校、企共建了10 172平方米的青岛西海岸大学生网上创业园,网上创业园实行政府主导、校企合作的市场化运营模式。2015年,学校整合了电子商务、国际贸易、国际商务、计算机科学与技术等专业,成立国际电子商务学院。国际电子商务学院与西海岸网上创业园、创客学院合署办公、统一建制,在人才培养、创业孵化、产业经营、社会服务领域建立了产业为体、文化为魂、教育为本的产学联合体,构建了"院园合一"校企协同育人机制。通过"院园合一"校企协同,汇集了信息流、资金流、人才流、资金流,实现了育人价值的最大化。

在"院园合一"校企协同育人机制下,学校逐步形成了"一链两端"的发展格局,即"儒商学堂—企业工坊—创客空间"的育人链条,辐射学校专业、学业的前端和产业、创业的后端,"学业+创业+创业"育人特色日益显现。

2. "儒商学堂—企业工坊—创客空间"的育人链条

(1)儒商学堂,立德树人

德为立身之本,要经商,先学做人;学商道,须学儒商。学校在国际电子商务学院和网上创业园统一建制的园区里开展了系列儒商教育,将弘扬中华优秀传统文化的孔子学堂、墨子学堂、书画学堂和传授学生现代商务技能的商道学堂、小e学堂、美拍学堂融为一体,实现儒和商的有机结合。

用英汉双语讲授国学基础必修课,将中华优秀传统文化融入专业课程教学,开展论语大会、道德讲堂、儒商讲座、实战演练、案例分析、企业游学等,训练学生的国学思维和创业思维,培养明日儒商,以成就陶朱事业、端木生涯,现已惠及2 000余名学生。

(2)企业工坊,实践育人

学生通过儒商学堂完成专业素质、专业知识、专业技能学习后,进入企业工坊开始专业实战学习。在网上创业园内建立了88家电商企业实训工坊,承担电子商务实习实训。企业工坊把"电商行业主流工作岗位的需求"作为人才培养的逻辑起点,教学是"以工作为中心的教、学、做过程",在教学内容和教育管理上都渗透了企业元素。基于电商运营过程构建了模块化课程体系,将课堂搬进企业,将项目带进课堂。学生在真实的企业环境中进行企业项目驱动学习。

在学校领导和企业领导共同组成的校企合作委员会的领导下,学校聘请了青岛市跨境电子商务协会会长刘广利、山东网商集团董事长李辉为企业指导院长,由企业管理人员参与的专门办公室来统筹校企合作事务,负责园区的运营建设。各专业均有企业和学校双专业带头人,企业技术骨干和学校教师组成教师队伍,每个企业工坊至少配备一位专职企业技术骨干指导学生专业实践,如山东网商集团有八位企业人员常年驻校给学生开展电商实操技能训练。

在"院园合一"的企业工作坊里,不但校企师资共享,而且校企人才共育、过程共管、课岗融替、工学结合,实现了学生与员工双身份、生产与教学双环境、理论实践一体化、学校制度与现代企业制度融合,达到了产教融合、校企协同育人的目的。

企业工坊也给企业带来了不错的经济效益。如中恒纸业企业工坊经过两年的孵化,其企业员工由两位增加到八位,业绩翻了三番。世纪黄海企业工坊由师生共同运营管理,销售学生的手工制品,帮助小微企业进行电商转型。2015 年,该公司承担青岛市人社局魅族手机淘宝"云客服"活动,学生在"双 11"当天实现交易额 3 750 万元。

（3）创客空间,创新育人

在企业工坊里经过专业项目实战后,有意愿创业的学生进入创客空间进行专业创新创业。为此,学校在网上创业园内搭建了低成本、便利化、全要素、开放式的"黄海 e 代人创客空间",设立学生创业基金,开设创业课程,实施创业学分积累和转换制度,开展创业大赛,通过承担创业项目引领学生创业。创客空间内水、电、暖、网、电脑、桌椅等基础设施已备齐。学校组建了创业服务中心,为入驻实体提供一站式创业服务;健全了创业实体准入、退出机制,构建了创业苗圃、创业培训、创业孵化、创业加速、创业跟踪"五位一体"的服务体系。2016 年 9 月,"黄海 e 代人创客空间"被科技部纳入国家级科技企业孵化器管理服务体系,成为国家级众创空间。

学校成立创客学院,下设创新创业教研室,配齐配强专兼职结合的创新创业导师团队,聘请企业高管、技术骨干和创业成功的校友担任导师,对参加电商创业项目实践的学生进行"一对一"的指导,目前创业导师达 35 位。韩青峰创办依蓝科技有限公司,反哺母校,培训学弟、学妹。从贵州贫困山区走出来的大三学生杨东霖进行电商创业,销售海产品,每月营业额在 3 万元以上。常宏飞同学毕业后,从外贸业务员成长为外贸经理,现拥有自己的进出口外贸公司,日出 17 个标准货柜。2011 级学生宋培璞创办了青岛东方惠诚电子有限公司,解决了十几个学弟、学妹的就业问题。

3. 辐射学业、产业前后两端

（1）辐射学校专业改革的前端

"院园合一"校企协同育人,向学校教学改革全面延伸,使电子商务、国际贸易、国际商务、计算机科学与技术等专业构建了基于创新、创业、创客的实训式人才培养模式和理实一体的教学模式,形成了基于企业运营的电子商务、跨境电子商务、电子商务技术等方向的课程体系,促进了学校的学风建设。

（2）辐射区域产业发展的后端

"院园合一"校企协同育人延伸到青岛西海岸新区相应的产业园区和集聚区。为了更好地服务区域经济,学校正在筹建跨境电商产业园,联合行业企业,专业链紧密对接地方产业链、创新链,形成校企协同共享的产教融合系统,打造了政府、企业、行业、学校互动的创新创业平台。

三、实施成效

经过两年"院园合一"校企协同育人实践，西海岸网上创业园已是阿里巴巴"百城千校 百万英才"人才培育基地、青岛市跨境电商协会跨境电商人才培养基地、青岛大学生跨境电商实践基地、青岛市高校毕业生创业孵化基地、青岛市科技企业孵化器、共青团山东省委青年就业创业见习基地、青岛市巾帼创示范基地。

学校的大学生网上创业园已入驻88家大学生创业实体，入驻率为91%，创业企业存活率为80%，创业孵化成功率为75%。学校涌现了邓洋洋、杨坤、程文明、李彩云、蔡威、甘圣民、韩青峰、孟琳琳、肖龙、李元吉、常鸿飞等一大批创业带动就业的典型。2016年8月，"青岛黄海学院搭建孵化平台助力学生创业"实践活动在青岛电视台《同心青岛》栏目播出。

《青岛早报》报道了我校淘宝班学生上课也挣钱的事迹。人民网报道了电商缘何在我校"风生水起"。凤凰网报道了我校校企共建电商人才培养模式从"双营"走向"双赢"。中央电视台、新浪网、新华网和《中国教育报》《中国日报》《青岛日报》等从不同侧面报道了我校"院园合一"校企协同育人的模式。

2015年11月，教育部组织的全国职业院校规范管理推进会暨集团化办学现场交流会在我校成功召开。2016年，我校通过省商务厅省级外贸新业态主体认定，获批省跨境电商实训基地。2016年，我校获中国民办教育协会颁发的全国民办高校创新创业教育文化建设奖。2016年7月，董事长刘常青在20国集团民间社会会议上作了题为《在创新驱动中实现发展 在创业教育中作出贡献》的主旨发言，介绍了贫困大学生在我校实现人生梦想的成功案例。

四、思考与展望

"院园合一"校企协同育人模式是校企合作高级阶段的一种表现形式，集学校公益价值的使命驱动和企业经济价值的市场驱动于一体，集中体现了民办高校办学体制创新、内部运行机制创新和育人模式创新，使技能型、应用型人才培养由纸上谈兵、虚拟仿真走上校企零距离的现实实践，校企双方相互渗透、融为一体，成为利益共同体，实现了学校教育教学资源与企业生产经营资源共享，实现了学校与企业、教育与产业、专业与职业、师生与员工的对接与融合。以市场和企业需求为导向，企业全面介入学校专业设置、课程方案、教学管理及实践教学等环节，为学生专业知识学习和技能训练搭建了舞台，保障了人才培养质量。

进一步完善"产业+学业+创业"的产教办学模式,学校将以"院园合一"校企协同育人模式升级改造二级学院,以适应人才培养精准化、定制化趋势,从而准确地把握人才需求和专业发展生命周期,快速地搭建"市场需求—学生学业—学科专业"桥梁,满足学生兴趣与市场需求之间的教育服务,有效地克服教育教学的市场滞后性,使人才培养与行业发展同步、课程教学与企业工作融合、学习与创业一体,使教学内容、方法手段更具针对性、适应性,坚定不移地走产教融合的优质化发展之路。

第三节 "院园合一"机制下基于工作室的跨境电商人才培养

教育与生产劳动和社会实践结合,依据"三螺旋"理论,构建了"二级学院+产业园'院园合一'"的校企协同育人机制,解决了产教融合落地不实问题。基于"院园合一"产教融合机制,青岛黄海学院遵循场域理论和体验式学习理论,建立了上百家跨境电商工作室,全面开展工作室制人才培养,解决了课程教学与企业需求脱节的问题。学校探索出一条"以地方产业链建应用型专业群""以专业群建二级学院""以二级学院建产业园""二级学院+产业园'院园合一'"的应用型高校建设路径。

一、主要解决的教学问题

主要针对跨境电商人才培养滞后于跨境电商产业发展的问题,提高人才培养与产业发展的适应性、学生学习的实用性和教师专业实践能力。

1. "院园合一"协同育人机制解决了产教融合无法落实的问题

此问题的主要原因在于没有形成命运共同体。为此,学校构建了"国际商学院+数字经济创新创业园'院园合一'"的协同育人机制,形成互融共生的校企共同体,实现了校企双方共同管理、共享资源、共建体系、共同育人。

2. "工作室制"解决了课程设置与企业真实岗位需求脱节的问题

课程设置与企业真实岗位需求脱节,以理论为主的课程体系培养出的人才难以满足企业对于人才的需求。"院园合一"机制下建设工作室旨在增强课程建设和课程教学的实效性,形成了以岗位核心技能和工作过程为导向的教学内容和教学过程。学校将跨境电商企业工作任务作为教学任务,引入企业教师参与课程建设,共同开发理论与实践相结合、专创融合和线上与线下相融通的课程。

3. "项目化"解决了学生缺乏实训课程与平台实战历练的问题

跨境电商行业变化快,对技能考核标准和动手操作能力的要求高,但学校跨境电商教学内容中的实操技能实训较少、教学内容陈旧甚至与企业所用脱节。学校通过工作室制人才培养和项目化教学,建立以岗位技能为主的课程体系;通过做项目促进学业与产业、创业的融合,增强了学生的自主学习意识。

4. 通过工作室项目实践解决了专业教师实践能力不强的问题

通过工作室内的项目实践,实现了学校教师与企业经理互聘双挂,激发了教师带领学生团队做项目的积极性,促进教师职业内创业,解决了教师实践不足的问题;鼓励企业师傅到校任教,尤其是带着项目入校,解决了企业师傅理论不足的问题。

二、指导解决问题的理论

以教育与生产劳动和社会实践相结合的理论为指导,培养全面发展的人。马克思认为,生产劳动同智育和体育相结合,不仅是提高社会生产力的一种方法,而且是造就全面发展的人的唯一方法。陶行知亦说过,但要求其充分实效,教育更须与别的伟大势力携手。使教育与产业携手,推进"二级学院+产业园'院园合一'"机制构建,实施工作室制人才培养,体现了马克思主义辩证唯物主义认识论"实践出真知"的核心思想,突出了教育的生产力本质,也体现出黑格尔"正反合"的辩证法思想,目的在于着力打造以产业为体、以文化为魂、以教育为本的产、学、研、用"四体合一"的园区。

1. 遵循场域理论和体验式学习理论,培养高素质应用型人才

布迪厄的场域理论认为,每个人的行动均被行动发生的场域所影响,它既包括物理环境,也包括他人的行为以及与此相关的许多因素。基于场域理论,将学业置于产业之中。教育是一个主动的和建构性的过程。体验式学习理论强调在做中学、知行合一,强化事上练,实现教、学、做"三体合一"。应用型人才培养需要建立人才成长场域,营造学场和职场一体化的人才成长场域,实现

陶行知所说的"六解放"——解放眼睛、解放双手、解放头脑、解放嘴、解放空间、解放时间,培养学生的创造力,形成学习场。

2. 基于"三螺旋"理论,推进政、校、行、企协同育人,实现育人价值增值

美国社会学家亨利·埃茨科威兹提出,政府、企业与大学是知识经济社会内部创新制度的三大要素,它们根据市场要求而联结起来,形成了三种力量交叉影响的"三螺旋"关系,激发创造出各种"混成组织",推动区域协同创新发展。"三螺旋"理论认为,政府、企业和大学的"交叠"才是创新系统的核心单元,其三方联动是推动知识生产和传播的重要因素。

在"三螺旋"视角下,"院园合一"成为校企协同育人的有效形式,其价值追求在于经济价值与社会价值的统一,通过经济价值增值来促进社会价值的最大化,实现校企协同育人效益;突破了人、财、物、信息、组织之间的壁垒和边界,将知识力量、行政力量和产业力量聚合,促进高校、政府和企业的共生共长,完善生态闭环系统,为学生打造学习成长平台。

三、解决问题的方法

1. 坚持目标导向,解析产教融合政策

研究国家应用型高校建设的教育政策,全面开展"院园合一"校企协同育人的应用型高校建设;研究跨境电商产业政策,服务跨境电商新业态发展,在"院园合一"校企协同机制下建立工作室,开展跨境电商工作室制人才培养;研究国外产教融合发展趋势,适应产教一体化发展趋势,把工作室作为应用型高校基层教与学的组织和应用型本科产教融合教育改革的"试验田"。

2. 坚持需求导向,聚焦跨境电商产业发展和市场需求对人才的需求

从资源逻辑向需求逻辑转变,扎根地方,办应用型大学,将专业链对接地方产业链,完善"融入区域、根植产业、服务社会、引领发展"的应用型人才培养体系,实现低重心、高质量发展。了解企业和学生需求是实践改革的原动力,把行业主流工作岗位的需求作为人才培养的逻辑起点,分别对跨境电商企业、进入跨境电商工作室的学生、从事跨境电商行业的校友、跨境电商相关专业一线教师四个方面的群体进行了调研,有针对性地开展"院园合一"校企协同育人机制下跨境电商工作制人才培养实践。完善"国际商学院+数字经济创新创业园'院园合一'"的机制,构建产教互融共生的校企共同体;通过"院园合一"机制下工作室制改革,形成以岗位核心技能和工作过程为导向的教学内

容,优化了课程体系。

3. 坚持问题导向,制定整改措施,持续推进教改项目深入开展

针对跨境电商工作室参与面太窄、学生流动性大的问题,形成涵盖所有年级的工作室学生梯队,建立学生间传帮带的团队协作模式,破解小众与大众矛盾,实现工作室育人效益的最大化;针对工作室育人效益与经济效益的冲突,在项目实践过程中坚持育人导向;针对师生时间保障与精力投入不足、短期热情高与持续坚持热度降低、课程设置与工作室业绩认定的政策支持保障度不够和选择合作企业、选品、平台、场地等资源条件限制等问题,通过制度完善和政策保障配套建设,构建了师生持续发展的动力机制,用业绩激励师生,用制度调动积极性。

4. 坚持行动导向,从经验走向实证,从实证走向实践,凸显实践实效

首先,探索出一条"以地方产业链建应用型专业群""以专业群建二级学院""以二级学院建产业园""二级学院+产业园'院园合一'"的应用型高校建设的基本规律和路径,构建"跨境电商产业—跨境电商专业群—国际商学院—数字经济创新创业园"的链式关系和联动对接机制。

其次,亦校亦企,校企一体,搭建"二级学院+产业园'院园合一'"产教融合平台。融合产、学、研、创、训等要素资源,完善"院园合一"校企协同育人机制,搭建"专业+产业+创业"融合、校企协同育人的物理空间和实践平台,营造学习场域,消除专业与产业之间信息的不对称性和专业人才培养的滞后性。聚焦学生体验式学习,以工作室制为抓手,通过企业项目运转畅通二级学院与产业园内部的项目流、课程流、人才流和效益流,使校企结成共生、共荣、共赢的命运共同体。

5. 遵循应用型人才成长规律,构建产教融合、知行合一的工作室制人才培养体系

突出地方性,强化"适应"主题,适应地方跨境电商产业发展;突出应用型,强化"协同"主题,校企、校地协同建设"国际商学院+数字经济创新创业园'院园合一'"的育人平台和跨境电商工作室;突出体验式,强化"生动"主题,通过跨境电商工作室开展体验式教与学,使工作室制人才培养、项目化教学、理实一体教学成为常态,促进学生学习和体验新生活;突出国际化,强化"开放"主题,把"外语+"作为跨境电商人才培养的刚性要求,推进人才培养标准的国际化、课程的国际化、师资的国际化、环境的国际化建设,培养学生的国际化视野。

6. 完善"产教融合平台—项目式、综合性课程—工作室基层组织教学"运行的内涵逻辑

基于"国际商学院+数字经济创新创业园"的平台,建设上百家师生同创、企生共创、学生自创的工作室团队,把项目化工作室打造成应用型本科院校实施人才培养的基层组织;以工作室为基本载体,引进企业项目;基于真实项目,校企开展基于项目导向的综合课程建设;工作室依据项目化综合课程组成项目团队,首先,在儒商课堂进行课程培训,然后,企业工作室进行岗位技能岗位训练,再进入众创空间进行岗位实战,激发学生的主动性,培养学生的创造力。

7. 基于工作室制开展项目驱动教学

工作室是产教融合育人的基本单元、教育教学的基层组织、企业项目的载体。把每个工作室打造成人才培养小而美的"超级细胞"和责权利统一的"蚂蚁军团",把管控式科层式大规模标准化人才培养变成市场化小组团队学习,通过工作室让学生以工作任务融入学业、教师以专业服务融入产业、校外资源以创业项目融入人才培养,建立"学业+产业+创业"融合的校企共同体,形成应用型本科独特的"发展经"。

8. 构建二级学院实施工作室制人才培养的动力机制

制定推进产教融合和工作室制的管理办法,集中人、财、物等资源支持各二级学院推进产教融合并建设专业工作室。建立学分认定与转换管理制度,制定具有针对性、激励性的政策,实现第一课堂与第二课堂融通、专业教育与创新创业教育融通,形成工作成效与课程成绩之间的转换机制。完善教师工作量计算、科研考核、教师考核与管理等方面的激励督促机制。在课程安排上,采用阶段性集中授课的方式教授理论性课程,以留出充足的时间让学生进工作室。将项目纳入人才培养方案,采用一项一课、一项多课、多项一课等多种形式将实践项目与课程融合,平衡课程教学规律与项目运行规律的冲突。

四、创新点

1. 创新了产教融合校企合作机制,实现了产教一体化育人

以"院园合一"搭建产教融合机制,使产教融合有机制保障;以工作室制

搭建校企协同育人的基层组织,使校企合作有落脚点;跨境电商使产教融合有了专业群载体,使产教融合、校企合作从"知"走向"行",实现了"五个深度融合"——产业链与专业群深度融合、教育组织形态与产业项目对人才需求深度融合、校企深度融合、企业生产与人才培养过程深度融合、学校师资与行业企业深度融合;凸显了"一体化"特色,是对应用型教育从学校模式到校企合作模式,到产教融合模式,再到产教一体化模式的过程的有益探索,是对学校内部管理体制的一次成功改革。

2. 创新了应用型高校育人模式,实现了项目化人才培养

工作室制项目化教学,使人才培养有了工作室载体,使教学有了项目化路径,成为培养应用型跨境电商人才落地的创新之举。跨境电商工作室把高校教师、在校学生、跨境电商企业三者有机结合,将教学过程与岗位工作内容融合,将课程考核与岗位考核相统一,凸显人才培养中场景带入、工具学习、实战练习、总结应用的实效风格。通过构建"'院园合一'机制—工作室制培养—综合课程—项目教学人才培养"的逻辑链条,探索出一条应用型人才知行合一的培养改革路径。在"二级学院+产业园'院园合一'"的机制下,对教学空间、教学组织进行变革,建立工学交替的教学管理模式,在教学内容和教育管理上渗透企业元素,突出教、学、做一体化,凸显应用型人才培养制度的体系创新。

五、推广应用

第一,该研究成果在青岛黄海学院电子商务、国际经济与贸易、国际商务、商务英语、市场营销、物流管理等专业广泛应用,形成了学校办学的特色和亮点,学校获评全国跨境电商专业人才培养示范校、山东省大学生创业孵化基地、山东省跨境电商实训基地。"黄海 e 代人"创客空间被科技部评为国家级众创空间。国际商学院被评为山东省教育系统先进集体。截至 2021 年 7 月,学校通过工作室载体为区域经济发展培养了 1 779 名跨境电商学生。

第二,该项成果在学校各专业都得到了有效推广和实施,促进了学校智能制造学院与大学科技园合一、艺术学院与影视产业孵化城合一、学前教育学院与幼儿园合一,促进了学校产教融合和创新创业教育。智能制造学院、艺术学院、学前教育学院、创新创业教育学院等学院的 8 100 多名师生受益。

第三,该项目成果推进了各专业广泛开展创新工作室、创意工作室、创业工作室,促进了专创融合,使学校成为最具创业竞争力的民办高校之一。

第四,"院园合一"机制下跨境电商工作室制人才培养实践促进学校建立了跨境电商产业学院,开发了跨境电商微专业、直播电商微专业,使学校将建设产教融合生态园作为战略目标。学校统筹政、校、行、企多方资源,推进教育链、专业链、人才链与产业链、创新链、孵化链有机衔接,融合产、学、研、创、训、商、居等要素资源,搭建了"专业+产业+创业"融合、校企"双元"协同育人的物理空间和实践平台,致力于建设校地融合、产教融合的园区大学,办一所面向未来、适应第四次产业革命的现代化大学。

第五,青岛黄海学院是山东最早(2009 年 12 月)与阿里巴巴共建电商人才培养基地、最早与山东网商集团共建专业和创业孵化基地、最早与市区人社局共建网上创业园、最早参与发起成立青岛市跨境电商协会并共建商学院的高校,每年吸引着兄弟院校和社会各界人士前来参观学习。山东网商集团将与青岛黄海学院校企合作成功经验推广到全省 30 多家应用型高校和高职院校。

学校通过"院园合一"机制下的工作室制人才培养,提高了跨境电商人才培养的适应性,解决了跨境电商课程设置、教学内容与方法不合理的问题;通过项目化实战革新,提高了跨境电商相关专业学生学习的积极性,解决了跨境电商师资队伍短缺问题;通过项目实践,建立了一支双师双能、双向互聘的师资队伍。2021 年 5 月,学校对进入跨境电商工作室的 42 名学生进行了调查问卷分析。结果显示:100%的学生(69.05%的学生"完全同意"、30.95%的学生"同意")认为工作室能够促进学生职业素养、专业能力和专业能力的提升;100%的学生(59.52%的学生"完全同意"、40.48%的学生"同意")认为工作室能够拓宽学生的知识面并提升其实践能力;59.52%的学生"完全同意"、33.33%的学生"同意"工作室能够很好地培养学生的从业能力。

第五章 | 院系专业

第一节　应用型高校二级院系设置与调整的路径探索

院系作为高校的二级组织,虽没有法人资格,但是学校中相对独立的教育实体、人才培养实施者、教育责任主体。这不断促使院系组织结构跟随社会的发展进行适应性改革,以推进应用型高校的转型升级,满足社会对人才的要求。处在高等教育"双一流"和产教融合的语境下,二级院系定向于地方、定型于应用、定位于教学、定格于实践,以适应区域经济建设为价值取向,以培养地方经济社会发展所需要的应用型人才为办学定位,突破研究型、综合性大学的院系结构和学科原则,着力构建应用型二级院系组织结构。

一、应用型院校设置与调整二级院系的逻辑起点

1. 单科性逻辑与综合性逻辑

1952 年,我国学习苏联培养各类专业人才的经验,对高等学校进行了院系调整,加强并发展了钢铁、地质、矿冶、水利等工业专门学院。从此,新中国高等教育发展历史上一度盛行单科性的行业学院,以突出行业特色。单科性的行业学院按照单科性逻辑,突出特色,使亮点更亮、专业更专,建特色鲜明的行业院系,在专业建设精细上下功夫,在人才培养精准上做文章,在社会服务定向上出彩头。根据管理跨度理论,单科性逻辑下要避免内部二级院系设置过多、管理跨度过大、管理成本过高,有必要坚持精简原则,适度控制数量。

过度的专不利于复合型人才的培养,需要适时进行体制创新。20世纪末,在提出并实施我国高等教育大众化战略后,大学升格与大学合并成为高等教育结构调整的重要内容,研究型大学与综合性大学成为众多高校的办学目标。于是,一些高校开始进行大规模院校合并重组,以求"1+1>2"的效应,整合资源迈向综合型大学。时至今日,不少高校仍按照综合型逻辑,在学校内部进行学科专业大融合,追求资源的整合、共建、共享,二级院系调整朝学部制、大学院制方向改革,搭建宽口径、厚基础、复合型综合交叉人才培养平台。但向研究型、综合型大学看齐,追求高、大、全,不但使不少高校失去其专业特色,而且因资源聚焦性不强,致使其教育力量分散,在一定程度上影响了其育人质量的提升。

在深化产教融合、校企合作,推动应用型高校转型发展的背景下,我们需慎重思考如何进行二级院系调整,以推进教育供给侧改革,但改革的重点必须切换到结构的优化、质量的提升和内涵的建设上来。对于应用型高校是选择单科性还是综合性来建设二级院系,尚未形成统一的标准,适合的、适时的就是好的,但其选择需要面向市场需求,从而打造适应地方产业转型升级的特色优质二级院系,切实提高应用型人才培养质量。

2. 学科逻辑与应用逻辑

大学是学术共同体。应用型高校虽不同于学术研究型大学,但必须研究学术、探究学问、建设学科,教师应以学术为生存状态、以教书育人为使命。设置与调整二级院系和优化学科专业布局,要遵循学科内涵、学术逻辑、学理原则。学科是依据学理进行的学术分类,是人为规定的、相对独立稳定的知识体系。随着人们的知识认识水平和科学探究能力的提高及社会需求的发展不断变化,一般情况下,二级院系专业调整要本着学科归口和学科相近原则,按照一级学科、二级学科、主干学科整合相关学科专业,做到相关学科专业相对集中。二级院系以本学科研究的成果为目标,强化基础学科,聚焦基础研究,兼顾应用创新,凸显国家战略的"顶天"作用。

不跨界,无未来。应用型高校本身就是教育与职业、计划与市场、改革与开放跨界融合的产物。在应用型高校设置优化二级院系时,需要考虑学理原则,但不能将学科凌驾于教育和人才培养之上。因为过分强调学科的逻辑体系和知识学术体系,容易侧重知识的灌输,使应用型高校的学生对课程产生畏难情绪,不能很好地提高学生的专业能力。二级院系的设置应以学生的发展为主,面向新兴产业和经济新动能,孵化交叉、边缘学科专业,推动交叉、边缘学科专业发展。

没有一流本科人才培养，就谈不上一流学科，何谈建设一流大学。"双一流"建设高校基于知识的发现和创新，注重学科建设，把基础研究放在重要位置，所以其二级院系的设置和调整遵循着学科本身的逻辑发展。但应用型高校的学科建设应置于应用型人才培养战略框架之下，应用型高校要把人才培养放在首要位置。尽管以学科逻辑设置的院系结构在满足教学工作的需要和维持广泛接受的标准方面起着重要的作用，但它也是阻碍变化的主要因素。学科是知识分类的产物，是对既有科学发展和社会经济实际的总结，但科技的创新和社会的需求往往是综合的，并不一定遵循这个分类，反而可能突破这个分类，学科不能成为科学创新和人才培养结构调整的障碍。学科是政府对高等教育管理和分析的工具，不能看成是高等教育人才培养的定律和规则。当学科成为阻碍变化的因素时，就需要创新，既不固守原来的学科，也不简单照搬定势化的模式，而是根据区域发展实际创新办学模式。

学科逻辑与应用逻辑的平衡，是高等教育系统契合新型工业化形势的客观要求。学科逻辑与应用逻辑并行演进，成为未来高等教育结构调整的主要方向。作为应用型高校，我们需要重视学科建设，更需要按市场的需求应用原则，强化专业建设。专业是高等学校根据社会分工需要而划分的学业门类，处于学科体系与社会职业需求的交叉点。有的学科下设若干专业，有的学科就一个专业，有的专业需若干学科支撑。学校培养人才最基本的单元是动态的课堂，动态的课堂知识组织在一起成为静态的课程，课程的不同组合形成不同的专业，专业组合为专业群，专业群对应的是区域经济的产业集群、创新链。显而易见，应用型高校设置和优化二级院系应助力服务地方产业链、创新链、专业链、专业群的建设和发展。

应用型高校需要坚持应用型办学定位，注重专业建设。其专业设置应以为社会培养专业人才为主要考虑，把办学定位在社会对人才的需求上，聚焦应用研究，凸显服务地方的"立地"力量。应用型高校的二级院系和专业设置如此紧跟市场，教学如此强调实用，其同一般的职业院校有何区别？应用型高校不应为普通本科或职业本科而纠结，但必须与生产劳动相结合，走职业与教育叠加跨界的高等教育。二级院系和专业设置与优化调整不应是单向维度的仅从教育部门考虑的问题，而应着眼于经济社会发展，从封闭走向开放，使其成为未来大学生通向职场、实现人生出彩的"立交桥"。让市场需求发挥作用，将产教融合贯彻到人才培养的全过程，构建地方大学与社会协同育人体系。应用型的本质是学校培养的学生更加符合经济社会发展的需要。所以,应用型高校的二级院系设置与调整要有利于服务地方产业集群的专业发展,以提高人才培养能力为逻辑起点。

二、应用型院校设置和调整二级院系的价值取向

1. 服务学生成长成才的价值取向

高校一般从学校发展规划和学科长远发展的角度战略谋划二级院系的设置,较少站在学生的角度构建组织架构;调整二级院系时,通常会听取领导干部、教职工等的意见,但很少听取学校服务对象学生的建议和意见。按照人本位的教育思想,学校所做的每一项工作都要优先考虑学生的成长成才。服务学生成长成才,为学生提供优质教育服务应该是二级院系设置的首要价值追求。学生在校学习、生活的基本天地是教室、宿舍和班级,打交道的主要单位是二级院系,其次才涉及学校层面的职能部门。二级院系是学生的家园,是校友牵挂母校之根。如果一个专业归宿不停地变动,那么在校生会有动荡之感,毕业生会有舍弃之感,不会给学生带来母校美好的温馨记忆。从学生的角度看,学生渴望的是院系稳定、专业持续发展,二级院系是学术殿堂、知识园地、精神归宿。在温馨的二级院系这个大家庭里,丰富的物质条件和精神生活能为学生提供优质的、多样化的教育服务,学生会有获得感、成就感、归属感。所以从学生角度看,二级院系的调整不宜频繁,即使调整,幅度也不宜过大。学习需要良好的文化氛围,优化二级院系就是整合资源,营造有利于学生成长成才的文化氛围。基于对应用型高校的学生生源状况和学生心理特征的分析,我们在调整二级院系和专业建设时,应着力提高学生的学习力,夯实学生的发展基础,培养学生的创新性、发展力,提高学生的专业应用能力、就业竞争力,使学生具有可持续发展的后劲,具有团队合作精神和健全的心理品质。

2. 服务学校长远发展的价值取向

设置和调整二级院系要充分考虑不同应用型高校的办学服务价值取向,充分考虑各学校的办学方向定位和学科专业建设规划,充分考虑学校的人才培养目标定位和人才培养模式。一方面,要服务学校的办学定位,现阶段地方性、教学型、应用型是应用型高校类型定位,以本科教育为主体是办学层次定位,服务地方区域经济发展是服务面向定位,构建适应地方经济与社会发展的学科专业体系是学科专业定位,培养适应地方经济社会发展一线需求的高素质应用型人

才是人才培养目标定位。我们应服务于学校办学定位,突出二级学院发展应用型方向,以促进学校应用型转型发展。另一方面,院系设置调整是从粗放向精细管理发展的必经之路。应用型高校进行机构改革,让二级院系由教学单位向办学单位转变,实现责权利对等,激发办学活力,集中优势资源,以一万小时定律,精心打造优质的、具有特色的一流学院,把二级院系内的专业打造成一流专业,为人民群众提供优质教育选择价值。

3. 服务区域经济社会发展的价值取向

应用型教育是一种直接面向市场的高等教育类型,内部二级院系好比一个适应市场的动车组,动力驱动应源于市场需求,并不断升级提速。对接市场需求的二级院系,应是一个创新组织形式,是一个与产业、行业合作发展的平台,从而把院系办在企业的兴奋点上。

新时代下,为适应我国经济从高速增长向高质量发展阶段转型,应用型高校开始对优质教育进行探索。适应地方产业发展和新旧动能转换,结合行业发展需求,对接地方产业岗位集群,与企业共建共管具有行业学院、产业学院性质的二级院系,是应用型高校优质特色二级院系建设发展的新形态。优质、特色发展的核心是"学校要以更大的胸怀融入经济社会发展"。学校人才培养应从用人单位的需求出发,探索校企合作、产教融合的新途径、新方法。行业学院、产业学院作为一种新的组织形态逐渐在改革发展中显现。行业学院、产业学院主要是指学校与企业紧密融合,以产业、行业的生产链、技术链、创新链和服务链为对象,建设应用型人才培养的专业学院。由企业高管、高校负责人担任学院双院长、教研室双主任、学生双导师,建立校企双方协同治理的组织结构,面向产业、行业精准培养应用型人才。产业学院、行业学院的设置不一定以知识文化体系的学科分类为标准,也可以技术文化体系的技术应用为标准,即主动以地方产业、社会行业、企业技术的名称来设置,如以光电产业、汽车行业、服装行业、海尔家电的技术应用设置光电学院、汽车学院、服装学院、海尔家电学院。

三、应用型高校设置和调整二级院系的基本原则

1. 需求导向原则

主动适应国家和区域经济社会发展的需要,按照市场上产业、行业的职业岗位群,创新应用型高校二级院系设置模式,建立起与经济结构、产业结构和人才市场需求相适应的专业体系,使二级院系从封闭独立转向政、校、行、企四方聚合联动转变,政、校、行、企共建共管二级产业学院、行业学院。应用型高校健康持续发展必须克服自我循环、自我封闭的思维模式,建立健全以社会需求为导向的组织结构调整机制,增强学校专业结构与区域经济发展的适应性,实现办学节奏与地方需求同频,以及人才培养与社会需求之间的结构平衡和良性互动。

每一次社会变革和经济发展都孕育着新机遇,地方性应用型高校必须抢抓机遇,打破封闭,敞开胸怀,拥抱市场,否则就会坐失良机甚至贻误发展。实际上,教育是滞后的,几乎每一次高等学校内部结构调整都是经济社会发展倒逼后的被动改革和选择性发展。在传统计划经济的人才培养模式影响下,学校的专业设置具有稳定性。21世纪,社会主义市场经济条件下的工作业态具有动态性,学科专业设置与市场需求不符甚至脱节现象十分突出。蔡元培说:"教育不为过去,不为现在,而为将来。"未来已来,调整二级院系要秉持适度超前和提前布局的原则,体现前瞻性和实用性,发挥政、校、行、企四方的聚合作用,合理地优化二级院系。

2. 聚力特色原则

我国应用型高校的最大特点在于其地方性的区域特色。应用型高校的发展趋势在于有所为、有所不为,凸显个性化特征。设置与调整二级院系和优化专业结构必须始终围绕特色做文章,特色二级院系发展成为应用型高校发展的路径。二级院系是大学的基本构架,办出学校特色,关键在于办出有特色的学科专业,建设有特色的院系,聚焦重点和优势,打造"高峰"。

在高等教育大众化阶段,应用型高校曾一度追求规模要大,形成了目前许多高校大而不强、千校一面的局面,比如,二级院系的办学特色不够鲜明,优势尚不突出,展现自身特色的学科专业体系并未成型,学科专业门类齐全、战线太长、摊子铺得太大,有限的资源相对分散。从结构调整的角度来看,高等学校不仅要做"加减法",更要做"乘除法"。"加减法"是指增减专业,"乘法"是指交叉融合,而"除法"是指每所高校要聚焦于学校所服务的主要产业链和创新链,在资源有限的情况下做到"压强"足够大。

应用型高校必须围绕特色做文章,优化二级院系,从而厚植优势、聚力特色、凝练方向、形成品牌。应用型高校应通过二级院系和学科专业结构调整,增强专业结构调整的前瞻性、专业设置的针对性、人才培养的适应性,进一步科学整合和合理分配有限的资源,聚力于重点领域、关键环节的突破,打造学科专业的特色和优势。实施大舰战略,打造特色专业,突出区域服务的特点,形成符合时代发展所需的特色。

组建和优化二级院系是为学校今后的发展搭架子、建平台、加动力,扶优、扶特、扶强,集中优势力量,错位发展,找到学校发展的突破口,把亮点做亮,形成绝对的优势。所以,任何以平均主义思想来均衡各二级院系的做法都会制约学校的发展,也会使学校发展陷入泯然众矣的境地,最终阻碍学校的发展。对于办学历史积淀下来的特色,不能朝令夕改,优良的东西不能掉,要坚持把简单的招式练到极致。

3. 优质发展原则

和我国经济由高速增长向高质量发展转型一样,教育业已从"有学上"向"上好学"转型。新时代,人民日益增长的美好生活需要应该包括人民对教育的美好需要。人民期盼更优质的教育、更高水平的教育服务、更完善的教育条件、更丰富的教育生活,渴望上好学。多数应用型高校即使进不了国家层面的"双一流"、省级层面的"双一流",也要以优质的教育在本行业、本区域得到社会的认可。实现中华民族伟大复兴的中国梦有赖于人人出彩的幸福人生的实现,教育强国梦、报国梦的实现有赖于校校出彩、人人成功、个个成才的教育梦的实现。如何实现人人成才、个个成才?首先,要弘扬有教无类、因材施教的孔子教育精神;其次,要基于学校坚持优质特色发展的办学方向和优化二级院系的决定,激发二级院系的主动性、创造性,促进人的发展、学校的发展与区域经济发展和社会发展同步。

应用型高校二级院系的设置应该有利于教学资源的聚合,使二级院系具有资源聚合能力、资源再生创造能力。应用型高校应通过对二级院系的建制和资源配置的整合与优化,一方面,使各学科专业处于有机融合的发展状态,打破职能处室与院系的条块分割和教研室之间的"山头"界限,建设跨学科、跨专业、跨学院、跨教研室的资源共享平台,促进资源无障碍流动;另一方面,使资源配置的主体由"学校化"转变为"院系化",调动二级院系开发资源、配置资源、利用资源的自主性,充分利用资源效益,建设培养专业应用型人才的实践平台,实现院系产、学、研、用一体化。

第二节 "四新"专业建设的"黄海"实践

融入区域，建立"适应性"的专业体系。青岛黄海学院践行"知行合一"的校训，坚持"质量立校、人才强校、特色兴校、开放办校"的发展战略，定向于地方、定型于应用、定位于教学、定格于实践开展应用型本科教育，建立"融入区域、根植产业、服务社会、促进发展"的专业人才培养体系，构建产教"真融""真合"专业发展新生态："真融"入区域产业发展的生态之中，"真合"到服务地方社会经济发展的轨道上来。基于区域产业和社会需求逻辑设置专业，建立与地方经济和社会发展相适应的学科专业体系。

对接产业，建立"应用型"的专业集群。适应青岛先进制造业智能化发展趋势，学校将机、电、车、船等专业整合成为智能制造专业群；主动对接区域跨境电商产业链的行业需求，构建了跨境电商专业群；适应青岛数字经济发展和工业互联网之都建设，大力发展大数据、人工智能、物联网等新一代信息技术专业群；适应青岛影视文化产业和文化创意产业发展，大力发展影视艺术专业群；适应健康青岛和区域医养健康产业发展，推进护理、康复治疗、口腔医学等专业集群的发展。

加减乘除，优化"匹配性"的专业结构。学校发挥民办机制优势，做专业建设加法，加快新兴专业建设，设置新工科、新文科、新医科专业。做专业建设减法，控制专业的数量和规模，根据学校"十四五"发展规划，对生源质量差、就业率低、没有优势和特色、不符合学校发展定位的专业关、停、并、转。做专业建设乘法，推进学科专业交叉融合育人，培育新的专业增长点，用科技、文化、产业赋能学科专业，建设"互联网+""智能+""大数据+""外语+"复合特色专业，开展"专业+日语"卓越师人才培养项目。做专业建设的除法，在资源有限的情况下，集中资源建造"大舰"，强化优势特色专业建设，在智能制造、跨境电商、影视艺术等重点专业集群上聚焦聚力，做到"压强"足够大。

组织创新，搭建"优质化"专业发展平台。学校创新院系组织模式，构建了"地方产业链—应用型专业群—二级学院—产业园"的链式联动机制，以链建群，以群建院，以院建园，形成了智能制造学院与大学科技园、国际商学院与数字经济创新创业园、艺术学院与影视艺术创新创业城"院园合一"发展格局。

协同高校、政府部门、行业协会、公司企业，成立现代产业学院，构建协同育人新机制。创新专业组织模式，聚焦新技术、新业态、新模式、新产业，研发某一领域核心课程群，与行业企业共建微专业，开启"小而美"的人才培养新模式。创新实践教学组织，跨学科、跨专业建设实验实训平台，搭建教学科研平台。

内涵发展，提高"链条式"专业培养质量。完善"课堂教学—课程建设—专业建设—学科建设"链条，以课程建设和课堂教学改革为抓手，将"四新"要求融入专业资源建设，以智慧教学环境构建和课堂教学改革为切入点，影响、带动教师队伍进行教学理念、教学方法的革新，打造"黄海金课"。以创新创业教育为突破口，跨专业组建学生工作室、"四新"创新团队。贯穿"课堂—课程—专业—学科"链条建设始终，且起关键作用的是师资。以师资队伍建设为关键，用"四新"打造融合式、应用型教学科研团队，建立了一支以齐鲁首席技师、青岛市劳动模范为代表的高素质专业化教师队伍。高标准建设智能制造现代产业学院、跨境电商特色学院、大数据特色学院、艺工融合特色学院、卓越医师学院、卓越工程师学院、卓越教师学院等特色化专业学院。

面向未来，推进"新四化"专业发展策略。一是集群化，紧紧围绕青岛产业链持续打造智能制造、跨境电商、新一代信息技术、影视艺术、医养健康、绿色建筑、语言文化、文化教育等专业集群；二是国际化，以强烈的国际化意识参与国际竞争，将国际化进入教学过程，开展国际化试点专业建设，实施"外语＋专业""专业＋外语"的育人模式，开辟中外合作办学项目，积极招收国际学生，促进人才培养国际化；三是融合化，推进学科交叉融合、学科专业融合、产教融合、科教融汇，每个专业都要至少紧密合作一个行业组织，紧密合作 N 家优质企业，紧密合作一所国外高校，形成"1＋N＋1"模式；四是智慧化，推进"智慧＋"专业基层教学建设，深化信息技术与教育教学深度融合，利用智慧化手段，打破学院壁垒和学科专业壁垒，实现全校资源统筹共享。

聚焦特色，建设"青岛味"优势特色专业。专业和地方产业发展、行业职业变化密切相关。青岛黄海学院的特色专业是什么？应该和青岛、黄海有关。青岛的特色产业是什么？应该是海洋产业。我们的专业应与青岛特色产业发展相关，这也是我们的船舶与海洋工程专业之所以能成为国家一流专业建设点的一个重要原因。

狠抓学科，强化"基础性"学科的专业建设。应用型高校并不意味着只能开办应用性学科专业，也可开办某些基础学科专业。开办基础学科专业的目的在于，为应用性学科专业的学生打牢理论功底，为应用性研究提供学理支持，为基础学科专业发展服务。

提高认识,营造"学术性"学科研究氛围。提高学术性是学校的当务之急。大学不是贩卖文凭和养成资格之所,而是研究学问的机关,是学术共同体,教师应以做学术研究为生存状态。不上课就不是老师,不搞科研就不是好老师。同理,不培养人才就不是大学,不做科学研究就不是好大学。大学的排名在某种程度上是按照教师的科研成果来排序的。作为应用型高校,青岛黄海学院首先要凝练研究方向,整合学术队伍,引进团队和人才,成立实体研究所或研究院,并与重点学科建设和特色专业结合起来,如设立海洋装备研究院、海洋信息工程研究院、区域经济和乡村研究院、影视文化研究院,把国学院改名为国学研究院,把创新创业教育学院改名为创新创业产教研究院。其次,要引进、培养一支以博士为主体,富有潜力和活力的教学科研骨干队伍。最后,要有知识或技术应用的实验室、研究所(院、中心、基地)、学科创新中心等教学和科技研发平台的支持。

第六章 | 数字转型

第一节　在线教学变革与民办高校内涵建设

随着信息化浪潮席卷全球,互联网发生深刻变革,其中"互联网＋教育"在疫情防控背景下,以在线教学之态登上了"显学"之位。在疫情防控期间全面开展在线教学变革,对于应用型本科高校而言既是挑战更是机遇。挑战在于民办高校的信息化建设滞后于公办高校,机遇则在于民办高校纷纷将在线教学所带来的观念和行为方式的转变视为学校的内涵建设和教育质量提升的重要抓手。

一、在线教学的变革

在线教学的表象是教育技术、教学方式的改变,教学方式的改变直接引发了教育行为的改变。新的教育行为在重复实施了一定时间后,就有可能演变为一种不约而同的习惯,久之则会形成一种教育路径的依赖。持续进行的线上教学行为,必将超越疫情防控前的教学起点,使线上线下混合式、师生研讨式和课上课下翻转式教学转变为高等教育的新常态。常态教育行为的改变,会促使教育管理与服务、学校文化和支撑体系发生改变,其背后是教育理念的更新与变革。反过来,新的教育理念会指引高等教育领域强化某些教育行为,使之成为提升内涵建设的新举措。

1. 树立"以生为本、生命至上"的思想,开展人才培养

在"以生为本、生命至上"的教育思想指引下,我国全面开展了在线教学。

疫情"照妖镜"显现的人间百态,表明了大学以德育人课程思政建设尤为重要。对生活的关爱、对生命的关怀、对美好生活的向往和对教育质量的高阶需求,将成为每一门课程教学的目标追求,以德、智、体、美、劳"五育并举"的方式培养担当民族复兴大任的时代新人这一教育目标,也会得到进一步强化和落实。

2. 坚持"以生为本、以学定教"的理念,推进课程建设和课堂革命

学校提供的主要服务是课程服务,课程的质量决定着人才培养的质量。消灭"水课"、建设"金课"成为高等教育质量提升的基本路径。"金课"的评价标准不仅要从"有深度、有难度、有挑战度"和"两性一度"等教师的知识传授角度考量,更应从学生的获得感和学生成人、成长的视角来审视。疫情防控结束后,线上"金课"、虚拟仿真"金课",尤其是线上线下混合式"金课"大受欢迎。"金课"不是评出来的,是由学生说了算的。能否坚持"以生为本",激发学生的学习动力、学习兴趣,并挖掘学生的潜力是关键。"金课"建设不是特殊时期的阶段性任务,而是高校内涵建设的常态载体。静态的课程要由动态的课堂来落实。在线教学课程的课堂教学,摆脱了对教室、黑板的依赖,突破了纸质教材窠臼,没有了学校集体学习制度的约束,也没有了时空的限制,唯一依赖的是学生。学校应坚持"以学定教",基于学生发展的目标,构筑由"象牙塔"内的封闭课堂走向开放的网络社会大课堂,构建为学生学习服务的网络空间体系,真正让学生成为学习的主人。

二、基于在线教学变革的内涵建设之目标任务

作为高等教育生态圈内的弱势群体,民办高校有必要抓住此次在线教学变革的机遇,坚持"以生为本",聚焦课程和课堂,处理好学、教、研之间的关系,教学范式和学习范式"双管齐下",实现教学相长,建设师生学习共同体,促进内涵发展和质量提升。

1. 改革教学范式,提高育人质量

(1)以德立学,以德施教

"教,上所施,下所效也;育,养子使作善也。"(万献初、刘会龙,2019)

教师必须坚持立德树人的根本标准和师德师风建设的第一标准,通过网络展现师德规范和教育良知,维护教育形象。教师应在在线教学过程中探讨实施言论、形象、视频、侵权、隐私等方面的规范制度,做好学生网络学习过程中的内容净化、范围管控等工作,控制自己的不当情绪,不发牢骚、不宣泄。在

教学过程中,教师还应保护学生的隐私,得体的网络交流方式正逐步得到重视。人是相异的个体,每个人的家境、秉性都不一样,教师应遵循"有教无类、因材施教"的教学理念。在线教学中,课程思政也很值得研究与践行,教师应让网络课堂成为德行的操练场、知识与美德的交融地,在每门在线课程中融入思政元素,对学生进行潜移默化的爱国主义教育、公民道德教育和胸怀天下、心系苍生的责任教育,弘扬社会主义核心价值观,彰显正能量。教师要讲政治、立规矩、有仪式感,以纪律保障、强化网络师德师风建设,使教学有形有声,使课堂有滋有味,只有以德立学、以德施教,才有助于实现立德树人的目的。

（2）致力于卓越的质量追求

开展信息化教学是非常时期的权宜之举,还是深化教育教学改革自觉的战略聚焦行为;是低端维持应付教学,还是高起点、高质量地推进线上线下混合式、研讨式改革,是值得我们深思的问题。随着对工业时代盛行的班级授课制的诟病越来越多,人们开始思考信息化时代的教学属于何种模式。在信息化技术普及的今天,开展线上教学不失为一种有目的、有计划和有益的尝试。于是,大批高校在一线实践中进行着卓有成效的探索,不仅以优质的服务保障了在线教学的有序平稳开展,也致力于高起点、高质量的卓越教学追求,把教师教学质量和学生学习效果作为教学目标,为学生提供"金课"服务,以增强其满意度和收获感。尽管民办高校为社会培养了不少优秀人才,但它在一定程度上仍受到一些偏见和质疑,对此,民办高校不必刻意趋同,更不要自暴自弃。民办高校在课堂教学上有不亚于公办高校的优势,应在危中求机会,在信息化教学方面跨过平庸,迈向卓越,克服低层次的满足感,追求一流的教育品质,让认真成为常态,使卓越成为习惯。

2. 建立学习范式,提升学习效果

（1）关注学生,建设"金课"

开展线上课程教学,教师应进一步关注学生的学习状态和学习效果。无论是直播、录播还是在线答疑,其背后都有一个个大大的问号:学生听没听?学没学?效果如何?为此,民办高校有必要建立适合在线教学的规章制度来保障学生的持续参与度,完善以学生学习效果为主的课程教学评价体系,建立在线"金课"。疫情防控时期,课程教学质量的差距是学生自律程度的差距,但仅靠学生自律是不行的。"金课"建设,管理先行,要立规矩,没有规矩不成方圆。要落实过程性考核制度,强化教师的教学掌控能力。应以学生为中心,建设"金课",服务学生;应以学生学习为中心,不能放纵、迁就学生。为保障学生的学习效果,要强化过程性考核。要适当进行直播串讲、答疑,及时给予学生学业指导,注重线上教学的仪式感。在强化教的规范和学的纪律的同时,要充分发挥教师在网络上的自身示范作用。教师投入了工作时间,学生才有可能投入学习时间;教师投入了工作热情,学生才有可能投入学习激情。

基于学习效果金字塔理论,让学生当网络主播是很好的学习尝试。教师应积极探索线上教学的翻转课堂教学形式,选拔适合的学生,在教师的指导下登上直播讲坛,这样不仅能实现师生的角色互换,还让学生成了主人翁。教师还应重视学生的信息反馈,合理解决其诉求,做有温度的在线教育。教师要面向全体学生实现在线教学全覆盖,特别关注个别不具备在线学习条件的学生,因时、因地、因情况开展教学。不适合开展在线教学或不具备网络上课条件时,强求开课只会造成网络"水课"的产生,应将学生的学习效果作为建设"金课"的衡量标准。

(2)教学生学,让学生做,培养学生的学习力

在线教学重在教学生学。在线教学不是讲课,不在于教师讲了多少知识,而在于学生有没有掌握网络学习的本领,收获了多少。以网络为媒介的线上教学与把学生集中在教室里的线下讲课是不同的,把线下面对面的教学方式搬到线上会困难重重。因为开展在线教学时,教师不能很好地把握学生的学习状态,故做不到对其学习效果的全面掌握。开展在线教学时,不在状态的学生不在少数,因为独自居家的学习心态与环境很难形成浓郁的学习场。多数情况下,所谓的学生自律是学习任务驱动的行为结果,那么,学生在每次课的课前、课中、课后有没有通过学习任务来驱动自律学习便十分重要。有必要建立课前有任务、课中有互动、课后有作业的机制,对每一次的测验、讨论、作业、考试等,任课教师要在第一时间进行批改和反馈。教与学不应局限于课上的90分钟,抓住课内外时间让学生主动学才算抓住了"牛鼻子"。

应对教师在线教学中录播、直播和讨论等单向独白的知识传递方式进行改革,对学生学的路径与方法进行改革。知识是教师教会的,更是学生学会的,其中教与学方法的重要性可想而知。相对于教师"教"的水平,我们更看重其"导"的能力,教师应适时给学生布置学习任务,并加以引导和辅导,培养学生的学习力,帮助学生实现由"学"到"思"的转变。检验学习效果仍要启用教师"考"的法宝,强化对学习过程的考核,通过增加学生的学习时间来促进学生自主学习。学风衡量标准就是每个学生每天投入学习的时间长短,没有学习时间

的数量就没有学习效果的质量;人的成就往往取决于 8 小时之外,课余时间决定着学习质量。教师应考虑适当加大学习量,增加学生投入学习的时长。

抓住了学生学习任务的完成质量,就抓住了教与学的质量。教师应把每一次课的学习内容都凝练成课程作业或考试题目,纳入课程成绩。作业题目最好能更多地体现主观能动性,从而培养学生读、写、说、做的习惯。学生课程作业必须突破闭卷和标准答案的窠臼与桎梏,多以无标准答案的开放性题目呈现,鼓励学生研讨学习、搜索学习和自主学习。应适时为学生"增负",跟学生"抢"业余时间,让学生忙起来。管理严起来,质量提起来,学生终身学习的好习惯才会慢慢养成。让大学生动手写作业已成为新时期建设良好学风的关键。

3. 学习革命,是民办本科教育的超越之道

每一次危机都是蜕变的机遇,可以把疫情防控时期的在线教学重新定义为教育领域的一次学习革命、课堂革命。所谓革命就是调整规则,有破有立,打乱顺序再排队,实现利益再分配,如此,机遇会随之而来。要思考改革过程中如何配置资源、遵循什么规律以及人起什么作用等问题。

线上线下混合式、研讨式教与学在此次教育革命之后将成为一种常态,固化成师生的自觉习惯。这种不约而同的行为会积淀为学校的教育文化,我们应依照新的教育发展规律,顺势而为、持续深化。在这一演进过程中,民办高校扮演什么角色?能否在变革中脱颖而出并实现换轨超车呢?从建设中国一流民办高校的历史战略发展角度出发,我们有必要抓住这次机遇,把在线教学建设成民办高校加速度的超越之道。

民办高校的生源基础与公办高校存在差异,其学生的基础知识相对薄弱,但"是以圣人常善救人,故无弃人;常善救物,故无弃物",因此,线上教学适不适合基础薄弱的学生,关键在于教育方法和路径的适用性,切莫将传统的线下教育模式复制到线上。一些教师认为民办高校学生的学习习惯不好,很难适应线上教学,对此,笔者认为那是属于线下传统灌输式教育理念下的价值判断,在网络教学形势下需要重新定义"好学生"的概念。

在突如其来的疫情防控背景下,任何学校都没有做好全面开展线上教学的准备,那么谁会成为佼佼者?经验通常来自基层,在线教学使得实践贡献者具有此次教育的话语权,进而影响教育主管部门的政策制定与实施。在新的竞争机制下,发枪令已经打响,全国高校及师生已从在线教学同一起跑线上起跑,谁能在高等教育的新赛道上成为佼佼者,尚需经历时间的考验。

三、基于在线教学变革的内涵建设之实施路径

疫情防控背景下的"黑天鹅"事件加速了教育改革的进程,但教育本身不会因为不确定因素的影响不再遵循确定的教育规律而止步不前,本科教育发展的态势是按照国家本科教育回归与改革的进程高质量演进的。在这一进程中,民办高校扮演着怎样的角色?疫情后时代民办本科教育的内涵建设的实施路径,是以学生为中心,以课堂革命为抓手,处理本科教育回归与变革的关系,以优质的教育服务不断提升人才培养质量,从而建设中国一流的民办高校。

1. 回归常识,围绕读书办教育

此路径可实现由教师教书到学生读书的转变,打破了教师靠一本教材教书的窠臼,使教师照本宣科的顽疾在网络教学中得到很大的改观,在线课程教学开始突破线下纸质教材的固定载体。此路径也打破了学生只读教材、全靠教师教授来学习知识的传统学习模式,而开始回归读书的教育常识,不仅向着网络学习资源广阅读、快阅读进军,更向着纸质经典的深阅读、精阅读回归。此路径还打破了信息化时代所凸显的"快餐文化"、碎片性知识的局限,更加彰显出纸质图书系统阅读、深度阅读的重要价值。

2. 回归本分,围绕教书育人施教学

此路径打破了传统课堂的空间限制,使线上线下混合教学成为常态;打破了课时的限制,跨越了课内外的界限,使课内外混合学习成为常态。在线教学的更大价值在于重新界定教育行为中的基本范畴,重新定义教学、课堂、上课、正式学习等教育学的基本概念,打破了一位教师在一间教室里面对"排排坐"的学生的传统讲课形式,突破了正式学习与非正式学习、上课与非上课、学习时间与非学习时间的界限,促进了学生终身学习习惯的养成和学校学习型组织的构建。

3. 回归初心,围绕人才培养做文章

此路径打破了线下面授教育的单向渠道,使教与学成为师生共同体中意义深远的双向交流活动,实现了教师由"讲课"到"教学生学"、教学由"教"到"导"的转变,使学生从强制被培养到自主学习、自我培养方向迈进。在线教学突出了学生自律的重要性,实现了学生由"学"到"思"的转变。此路径突破了教师的"填鸭式"讲解,着眼于学生的"学",通过互动交流与合理"增负",促进了学生的自主学习。

4. 回归梦想,围绕学生筑梦想

此路径聚焦并服从、服务于学生成人成才,因为千千万万个学生的成人梦、成才梦汇聚了学校的发展梦、国家的教育梦。民办高校应结合国家教育精准扶贫政策,在在线教育上实现对学生的全覆盖,特别关注家庭困难和不具备网络教学条件的学生,基于"一个学生都不能少"的理念实现在线教育普及化,为每个学生提供出彩的机会,并基于人们对优质教育的需求和对美好生活的向往,为教育强国梦的实现谱写奋进之笔。

5. 回归本质,围绕学问下功夫

教师以学术为生存状态,学生要把精力放在研究学问上,利于师生共建民办高校学术共同体。回归学校学术共同体的本质是民办高校内涵建设的应有之义。基于改革开放市场化进程应运而生的民办高校,以灵活的机制突出了其经营理念和治理特色,但在营造学术氛围、构建学术共同体方面尚显不足。在破除高校"五唯"的科研新时代,民办高校教师要致力于自身学科专业的本体性知识研究和教育科学的条件性知识完善,促进"研教"与"研学"的教学相长、"教改"与"学改"的相得益彰,实现科学研究和人才培养相互支持,引导师生营建共同研讨学问、携手追求真理的氛围。

四、基于在线教学变革的内涵建设之保障措施

构建现代民办高校治理体系,需树立主动服务的意识,正确处理管理、服务和教学之间的关系。在线教学时,难免会出现网络卡顿的现象,或遇到个别学生不具备上网条件的困境,因此,亟须加强智慧教室、智慧课堂建设,完善信息化教育基础设施,以形成对在线教学强有力的信息化设施支持保障体系。信息化的意识、习惯和观念特别是教师信息化教学能力和干部信息化领导能力的提升,已成为在线教学进一步发展的瓶颈,应谨防"新瓶装旧酒"和"旧思维困死新发展"现象的发生。这就需要培养师生的互联网思维和大数据素养,从学生的学习效果出发,建立健全从"评教"转向"评学"的在线教学质量标准和评价体系,形成教学质量保障体系,并依据平台数据使教学评价具有实时的分析数据,使教学质量具有相对完整、可感可视的分析数据。如何利用教育教学大数据并使之成为推动发展的有效资源,成了新的问题。同时,对教师信息化教学能力和辅导员、教辅人员信息化服务能力的要求亦显著提高,研究如何适应在线教学并提升学校领导干部信息化的领导能力也被提上日程。疫情防控时

期的在线教学变革,迫切需要加快推进高校信息化学习能力的建设并营造信息化的学术氛围。

"人工智能+教育"正在广泛而深入地影响教育教学的各个方面,甚至产生颠覆性的影响。管理学大师德鲁克认为,动荡时代最大的风险不是动荡本身,而是仍然用过去的逻辑做事,深以为然。在线教学变革对于民办高校真正的挑战,在于民办高校能否主动求变,超越固有的教育观念,不断否定自我,颠覆自己创业时期的发展模式,走上质量提升、内涵建设的新路径。放眼望去,教育教学改革已成浩荡之势,民办高校应拥抱"人工智能+教育"的新机遇,乘势而上并提升教学质量,勇敢走上中国一流民办高校建设的新征程。这将是民办本科教育下一个五年规划新战略的着眼点。

第二节　在线教学的实践性思考

一、在线教学是机遇

三年疫情防控为教育教学改革提供了契机,正是进行教学改革、建设"金课"的大好机会。新变局、大机遇昭示着"线下教学—线上教学—线上线下混合式教学"的新变局,蕴含着课程建设、内涵发展的大机遇,教育者有必要以战略思维抓住机遇并进行战略布局。

行为心理学认为,一个人的动作或想法,如果重复21天,就可能变为一个习惯性的动作或想法。在疫情防控的非常时期坚持长时间的线上教与学,会潜移默化地影响教师的教学行为,线上线下混合式、师生研讨式、课上课下翻转式教学将成为常态,对整个教育生态产生持久而深远的影响,具体主要表现在以下方面:打破了一位教师在一间教室里教一群排排坐的学生的传统课堂形式,新课堂将突破固定时空,"空中课堂"将成为趋势;打破了听课和讲课的局面,教与学成为师生共同体里有意义的对话交流活动,教师由"教"向"导"转变,学生由"学"向"思"转变;打破了线下面授教育的单向渠道,突破了正式学习与非正式学习、上课与非上课、学习时间与非学习时间的界限,让教与学回归静心、潜心,微课堂、微课程将成为常态……让教育大张旗鼓地从教学范式向学习范式整体推进。

二、在线教学教务工作法

1. 一线工作法

我们不能闭门造车,要采用"情况在一线掌握、决策在一线形成、问题在一线解决、作风在一线转变、感情在一线培养、能力在一线锤炼、成绩在一线检验、形象在一线树立"的"八个一"一线工作法。所有部门、单位领导不得高高在上地例行检查、指导、监督、考核,不得以文件落实文件、以视频会议落实视频会议,应主动奔赴一线进行指导并提供服务,为教师在线教学搭建技术服务通道、信息反馈渠道,完善团队合作的互助机制。同时,各种汇报要少说套话,多说实话;少说成绩,多说典型;少说辛苦,多说成效;不说尽心,要说走心。

2. 日清周结工作法

课程教学要做到日清周结,课程教学一日一清,特殊情况一周一结,各学院必须一周一结。倡导错时上课、合班上课,关键看学生参与率、认可度、教学的效果。

3. "问题—对策"工作法

说成绩必须说问题,成绩不说"没不了",问题不说"不得了"。家丑不外扬,但内部要知道,要定期进行复盘改进。说问题必须说对策,不要只出填空题,要多出选择题。问题从哪儿来?从群众中来。要将遇到的问题写下来,能用一张纸不用两张纸,倡导"一张明白纸"的做法。大道至简,最简单的往往是最科学的。

4. 预案工作法

凡事预则立,不预则废。干事要有预案,不在一棵树上吊死。教师要有授课方式预案,至少准备两个平台的授课策略,熟悉两个平台的技术操作。教师要制订学生网络费用预案、开学后的错时预案、补实践课程的预案、个别学生单独补课预案、教师调停课的预案、教室改造方案、教师发展培训方案、课时费发放方案等。

5. 细化分工工作法

众如治寡,分数是也。加强教学组织建设,考虑教学组织怎么建设,教研室、课程组怎么建设,形成长效机制并持续下去。对于"谁负责技术、谁负责督导、谁负责宣传"等问题,应由专人负责,自己要真干、真写,不当"二传手"。

6. 典型工作法

以点带面,发现典型,培育典型,宣传典型。省级"金课"、校级"金课"、已投资建设的在线课程、课程思政立项的课程要发挥示范作用。抓主要矛盾,即全力保障在线教学、服务在线教学,将工作聚焦到帮助和服务教师在线教学上。不要统一模式,不提倡统一平台,超越规范做示范,先行先试,把自己的做法变成行业标准,鼓励各学院根据专业特点因地制宜地探索出合适自己的教与学的方式。

三、反思在线教学范式

1. 坚定教育信息化之路

2019 年年终,新冠病毒快速传播,之后师生居家开始线上战"疫",随之而来的是教育观念、教学方式、学习方式和行为习惯的改变。此时,一种从线下转为线上的新的教学模式出现了。教师忙着研究怎么上课、怎么上好课;学生忙着完成作业。探索的过程虽然有这样那样的问题和瑕疵,但瑕不掩瑜。中国教育信息化正加速前进,教师的信息化教学力、领导的信息化领导力正加速提升。

2. 成绩不说"没不了",问题不说"不得了"

要严厉打击、处罚"放羊式"在线教学。疫情防控下的在线教学是面照妖镜,让从教者看清教学变革后的事实——一步跟不上,则步步跟不上。

3. 长线推进线上教学,系统思考教学基本建设

全面总结在线教学的得与失,进一步完善在线教学方案,提炼在线教学特征、优势及对学校教学的持续影响,系统思考、超前谋划教学改革,切实提升教学质量。

（1）思考教育的新基建

在线教学突破时空、课内外界限,家庭、办公室、课堂合一,线上线下深度融合,教学由实体物理空间进入网络虚拟空间。教育新基建将有一部分用于线上教学软硬件设施的改善,加快网络"高速公路"的建设,营造快速的网络环境……这些将影响图书馆、教室、宿舍、自修室、实验室、办公室的改造升级。

（2）思考教学的新教具

线上教学中手机、电脑是必备的教具,那么实验室、教室该怎么建?用到软件和仿真设备的实践课该怎么上?学生是否一入校就都有电脑?这些都是要思考的问题。

（3）思考教学的新制度

非实验类、非现场类教学课程将突破部门、单位的界限,实现跨校、跨院共享开放。学分银行积累和转换是必然趋势。线上教学对教师、学生提出新的管理规范,重在考查学生的在线学习数据,并对教学规范、学分制度、教学事故认定等规章制度提出新的要求。

（4）思考上课的新方式

网上教学语言应生活化、互联网化。与直播课程相比,录播课程的废话少,但套话多,用提示器念台词或背台词效果都不太好。一般而言,学生集中精力的时间为15～25分钟,时间一久,他们的注意力便会分散。这就是网课的语速很快以及微课程、微视频流行的原因,归根结底是为了吸引人。教师应缩短上课时间,精炼课堂内容,少说与讲课内容无关的话,增加课堂的趣味性和竞争性。

（5）思考考核的新方式

打破课上和课下的界限,增加课堂练习、课后作业的量,根据考试的针对性和时效性,科学"增负"。善用在线呼叫功能,拿起过程性考核的法宝,提高课程的高阶性,强化对学生读、写、练等能力的培养。

（6）思考教学的新资源

教师不再依赖教材,以学定教,而应利用全媒体收集资源。有些课程不一定非要征订教材,教师讲课也不必依赖一本教材,要帮助学生养成做笔记的好习惯。

4. 做好教学质量检测

教师应树立规范意识、法律意识和底线思维,将知识传授与价值引领相结合,坚持以学生为本,关注学生诉求,及时优化教学方案,做好线上教学与课堂教学的有序衔接。线上教学、线上讨论、线上考核均特别强化过程性考核。

教师应加强在线教学的质量管理,树立质量保障意识,有效开展线上教学的检查与督导。疫情防控期间,开展线上教学督导评价教师课程的目的在于提升教师的线上教学能力,督促其完善线上教学资源。教学评价由经验驱动发展为数据驱动,教学管理、教务管理的数据化、智能化、自动化是一种趋势。

5. 看清前进的路,有效推进混合式教学改革

随着社会的发展,人工智能背景下的混合式教学将真正成为信息时代教育的新常态。

民办高校应根据二八定律,抓"牛鼻子",抓关键性少数,开展研究性教学、学习型工作。同时,抓"金课"建设、抓教师信息化教学能力提升,将以学生为中心的理念应用于线上线下混合式教学,重点围绕混合式教学面临的新形势、新问题,结合课堂教学实际开展研究,把基层和民办高校的内生动力和活力激发出来。

(1)抓"金课"建设,引领学校内涵建设

学校提供的产品是课程,联想到课时与课酬、学分与学费等概念,青岛黄海学院更加坚定了课程产品论的理念,视课程为产品,视学生为客户,坚信课程是人才培养的核心要素,课程质量直接决定人才培养质量。2020 年为课程建设年,我们应着力建设"三级五类"的课程体系,全面实施"百门'黄海金课'建设"计划。混合式"金课"和线下"金课"是发力点。混合式"金课"有"三个有"标准特征:一是有线上,利用 20%~50% 的时间安排学生开展线上自主学习,线上学习不局限于预习和复习;二是有课堂,创新教学方法,焕发课堂的生机活力;三是有工具,将信息技术与课堂教学相结合,解决关键问题,实现课堂教学过程管理。

(2)抓教师信息化教学力的提升

让教师讲,开展比赛,挖掘典型,打磨课程,开展项目实战;开发自己的课程,培养自己的教师;搭建项目舞台,练就教师的信息化教学力。教师应精简各种以讲为主的培训讲座,多开展以动手操作为主的工作坊实战和讲课擂台赛。教师的水平不是听出来的,而是练出来的。教学改革也要朝这个方向用力。明确个别优秀教师的项目任务,举办线上线下混合式创新设计教学大赛、课程思政教学大赛,提升教师的信息化教学力和数字素养。

第三节 基于教育教学数字化转型的智慧教育"黄海"实践

青岛黄海学院锁定教育信息化发展目标,将智慧教育建设作为实现高质量发展的总抓手,全面推进数字化转型的认识提升、建设提速、集成提标、应用提级,以教育信息化支撑其教育现代化、人才培养优质化。

提升认识,以智慧教育顶层规划引领学校实现长远发展。基于百年"黄海"

总体规划,学校领导通盘谋划、战略统筹学校的信息化建设,明确建设目标和任务,出台了《青岛黄海学院"十四五"信息化建设规划》,构建了以智慧教学、智慧学习、智慧管理、智慧生活、智慧服务为主要内容,以信息化基础设施和人才队伍为支撑的智慧学校结构。

建设提速,以智慧教育基础条件有力支撑学校,实现高质量发展。加大资金投入,建设全覆盖的有线、无线、5G融合的校园网络,如建设了存储容量为300T的云服务平台,升级了覆盖全校的安防管理平台,完善了"技防+人防"网络安全体系。2023年,学校投入3600万元开展教学环境智慧化建设行动,3.2万平方米的智慧教学楼和1.1万平方米的智慧学习空间现已竣工并投入使用。

集成提标,构建以数据为基的"1343"信息化体系。学校围绕"以服务师生为中心",统一规划、统一设计、统一标准、统一平台、统一数据,形成了一站式服务门户、三大服务体系(教与学全过程服务体系、学生成长综合服务体系、教师发展服务体系)、四大应用平台(财务综合管理平台、统一身份认证平台、统一数据交换平台、决策支持平台)、三大支撑中心(网络服务中心、云服务中心、平安校园指挥中心)的"1343"信息化体系。

应用提级,打造智慧思政、智慧课堂、智慧教研三大品牌。学校开展了智慧思政品牌打造行动,建有新时代红色文化VR实践教育基地,拥有120套全景教学资源;开展了智慧课堂品牌打造行动,使网络课程覆盖率达100%;开展了智慧教研品牌打造行动,利用大数据分析精准开展智慧培训、智慧研讨、智慧评价;建设了多终端网络微课程,教师利用碎片化时间进行微学习,使用学分银行记录学生的成长轨迹。

学校通过智慧学习环境、智慧教学模式、智慧服务体系、智能感知底座等全面建设,深化信息技术与教育教学深度融合,形成由智慧教学、智慧管理、智慧评价、智慧服务构成的智慧化教育新生态,实现常态教育智慧化、智慧教育常态化,打造省内外有影响的"智慧黄海"品牌。为此,学校实施了以下工程。

一、实施教与学环境提升工程

重点推进设施智能化升级和学习空间智慧化改造。建设"一网通学、一网通办、一网统管"的智慧教育支撑体系,打造以数字化应用为核心的教与学环境,努力实现智慧服务覆盖100%业务活动、智慧教学覆盖100%教学场所。提档升级"教学+资源+仿真"学习空间,升级网络教学平台,丰富教学资源平台,建设专业虚拟仿真实训平台,努力实现智慧教学覆盖 100% 教学课程和 100% 教学过程。

二、实施教与学创新工程和教师教学全流程、学生学习全过程的数字化应用

学校创设了覆盖"教—学—管—考—评—研—训"的数字化场景。课堂教学是数字化转型的核心,学校深入实施"生动课堂、智慧课堂、企业课堂"的教学改革,实现人才培养的个性化和精准化;开展基于数字技术的"生动课堂"建设,推进"线上学习+精讲课堂+翻转课堂+实验/实践教学+课下创新训练"的多维度信息技术手段与空间教学的双向交叉与融合,探索作业过程数字化、反馈学生即时化、学情分析智能化;运用"5G+AI+VR"技术推进研讨互动的"智慧课堂"建设,从演示实践教学、基本技能实训教学和项目综合实训教学三个层面,实现"AI+VR 智慧课堂"和"多形态虚拟仿真实训";利用智慧教学与学工系统建立学生数字档案,记录学生的学习经历、学业成果、活动参与、纪律遵守等全过程数据;深化校企协同育人的"企业课堂"建设,联合行业企业开发数字化、模块化专业课程,推动专业课程数字化转型升级。

三、实施数字教育资源建设工程

学校以在线一流课程、优质教学资源库、智慧图书馆建设为载体,全面打造"开放+特色"优质共享教学资源;推进"黄海金课"的应用推广,打造三级五类应用型"金课"体系;推进虚拟教研室建设,加大智慧图书馆数字资源与平台建设,协同打造教学资源库,使优质教育资源覆盖每个师生、每门课程;大力实施"文化+数字"课程资源建设行动,推进"四文化"融合育人品牌数字化升级;奏响红色旋律,将红色文化资源融入课程教学,建设"五史类"在线"金课",用数字化大思政课推进各专业教学改革;弘扬中华文化,建设通识教育文化在线"金课",打造数字中华砚文化国家三级博物馆;践行创新精神,建设专创融合在线"金课";建设数字经济创新创业园;践行工匠精神,搭建"专业+产业+创业"融合、校企"双元"协同育人实践平台。

四、实施数字素养提升工程

学校分别面向校领导、中层干部、管理人员进行数字化主题课程培训,着力提升领导干部的数字化领导力,提高管理人员的数字化应用力;健全教职工

数字素养培训体系,丰富"数字技术+专业""数字技术+课程"专题校本培训,形成教职工数字素养一年一轮训制度;升级智能化教师发展平台,建设集教学示范、资源分享、虚拟教研等功能于一体的智慧教学工作室;将数字素养培育融入"三全育人"各环节,夯实信息道德教育;构建信息素养通识课程体系,将信息技能训练嵌入专业课程;加强智慧校园平台、网络学习平台、"到梦空间""步道乐跑"等信息化平台的微应用场景,提升学生的数字素养。

五、实施教育教学评价改革工程,构建全过程、无感知、伴随式的教育评价新模式

学校应基于数据驱动的教育教学评价改革,制定综合素质评价体系和标准,促进评价过程与学习过程的紧密结合,实现课堂教学与评价间的深层次变革;建设教学大数据分析中心,从学生和教师两个维度开展数据跟踪分析,形成学生学习档案和教师课程教学档案;利用学习分析技术建立模型,生成可视化的学习体检表;健全智慧教学管理系统,实现教育教学管理科学化;建立教师数字画像,开展教师大数据应用和分析,为教师职称评聘、年度考核、聘期考核、绩效管理等提供有力支持。

六、实施智慧教育管理与服务提升工程,全面提升学校的数字化治理水平

以"智慧黄海"网上办事大厅和统一数据交换平台为依托,推进"一网通办"流程监督评价和"一事一表一平台"建设,完善已上线流程的"试用—优化—并行—线上切换"等推广操作,推进全校业务流程上线全覆盖。学校开展了学习行为、心理健康、学科规划、岗位管理、党建工作等方面的数据挖掘与应用研究,构建基于数据驱动的教育科学决策和精准治理体系;建立了师生网上办事评价反馈机制,提供了"审批最简、流程最优、效率最高"的线上办事服务体验,实现了公共服务的集成优化与"千人千面"的个性服务,打造了"智慧黄海"品牌。

第七章 优质教育

第一节 命运共同体视阈下中国一流民办高校的建设路径

在民办高等教育高质量发展的趋势下,越来越多的民办高校将发展目标从"立足当下、眼睛向内"向"放眼未来、接轨国际"转变,人才培养目标从"培养满足企业的技术技能型人才"向"培养担当民族复兴大任的时代新人"转变。在新时代,我国民办高校中长期发展战略目标需要新的定位。

一、确立中国一流民办高校的战略目标

虽然目前民办高校普遍处于爬坡过坎的上升阶段,整体水平还不太高,与国家要求、人民期待的优质教育尚有一定的差距,与中国一流民办高校的目标还很远,但不可没有成为一流大学的奋斗目标和追求卓越质量的高标准要求。想跻身中国一流民办高校之列,民办高校要有提质培优的一流价值引领、适度超前的发展理念指导、民办机制的特色道路自信和社会认可的优质教育服务。民办高校不可自我贬低、自我放弃,未来30年、50年后会发展成什么样,完全取决于现在的自我行为和自我画像。民办高校之高在于"格高",民办高校之大在于"志大",唯有"格高""志大"的民办高校才能"顶天立地"。"顶天"在于民办高等教育同样服务国家战略,承担人类国际责任;"立地"在于脚踏实地,服务经济社会需求。在人类命运共同体的视阈下审视民办高校的责任担当和战略目标,既胸怀天下,又立足中国大地;既着眼现在,又放眼未来;既关注

自我,又关注人类,不断拓宽视野,提升教育竞争力,通过人才培养来实现当代中国一流民办高校自身建设的历史使命。

在定标建设中国一流民办高校的过程中,民办高校离不开国内标准和国内参照,也离不开国际标准和国际参照,应对标学习、靠拢超越。民办高校的自身目标是成为中国一流民办高校,既能体现国际视野,又具备中国民办特色,既遵循自然演化的生命逻辑,又遵循人为建构的制度逻辑,全力开创未来。

二、以命运共同体思想统领中国一流民办高校建设

马克思认为,只有在共同体中,个人才能获得全面发展其才能的手段。共同体是指"现实的人"基于共同利益和共同解放诉求而形成的一种共同关系模式。大学作为一种社会组织,其拉丁文词源便有"教师与学者的共同体"的意思。基于民办高等教育的草根性,民办高校命运共同体的本质特征更加显著,即民办教育生命和成员的个体生命在交融互动中共同成长,民办高校的成长依赖并促进教师和学生的成长,师生的命运与学校命运息息相关,具有社会依赖关系。在建设中国一流民办高校的过程中,民办高校应共担责任,持续促进成员的共同价值凝聚,实现知识共享、利益共享、命运共享。民办高校中的"民办"亦有"师生生命共同成长的命运共同体"的意思。在我国,民办高校是由社会力量创办的高校,没有将其命名为私立高校的原因在于社会力量办学姓"社"、属"民"、不为"私",是社会主义高校即社会高校,属于人民,不能私有化。民办高校的本质属性决定了其师生员工及所有相关者是一个命运共同体。因此,在建设中国一流民办高校的征程中,民办高校应以命运共同体思想来统领,并将人民对优质教育的需求作为奋斗目标。

中国一流民办高校锚定"国际视野、中国特色、民办机制、一流水平"的建设目标,立足中国大地,坚持压强原则,采用国际通用标准,着力建设具备中国顶尖实力的民办高校。中国一流民办高校以培养创新型时代新人为目标,人才培养的质量和水平均得到国内外高等教育界的认可,并在某些方面起到引领作用,但绝大多数民办高校距此有一定的差距,这恰好是民办高校战略规划的决策点。民办高校应以面向未来、面向世界的战略思维和守正创新的教育理念,基于中国一流民办高校的目标牵引,瞄准民办高等教育战略引领中的问题,坚持"质量、特色、百花齐放"(杨福家认为的创建一流民办高校的三大法宝)的八字策略,打造包括全体师生员工、校友、合作单位和地方合作方共赢的命运共同体,完善开放协同、多方鼎力支持的良性教育生态系统,构建学校命运共同体。在命运共同体内实现人的解放和人的全面发展,师生命运与共,携手共进,共同成长。

三、中国一流民办高校建设路径

构建民办高校命运共同体的价值在于呼唤和激发民办教育界的共同体意识,使民办高校和民办教育师生更加坚定民办教育的发展自信。放飞中国一流民办高校的梦想,进一步强化高质量发展、卓越人才培养的优质教育理念,深化争创一流的责任担当意识,用汗水和智慧创造一流的育人业绩。在命运共同体思想的统领下,从不同的角度将中国一流民办高校的建设具象为利益共同体、创新共同体、学术共同体、文化共同体、学习共同体、事业共同体、成长共同体的打造,从而阐释和畅通民办高校公益性、特色化、融合化、国际化、优质化、现代化、发展型的路径。

1. 坚持公益性办学原则,构建中国一流民办高校利益共同体

中国一流民办高校命运共同体的本质是利益共同体,这是由民办高等教育的公益性属性决定的。学校是培养人的非营利性的社会组织,从事的是人民教育的公益事业。公办学校与民办学校的区别在于出资方不同,但教育、培养人的初心和公益性的使命是相同的。不以营利为目的是教育的本质要求。任由民办高校在民办资本投资教育的可营利性驱动下自由发展,必将扭曲教育的本质、扭曲民办教育的价值取向,价值扭曲下的民办高校可以在资本刺激下获得一时的发展,但不可能成长为中国一流民办高校。打着公益性培养人才的名义却进行所谓的"合法赚钱"的民办高校必将是历史的一瞬。在国外,以营利为目的的教育也不是私立大学做的事情,而是商业性学校做的事情,其本质为企业而非学校,从事的是产业而非教育。从超越商业和经济逻辑的角度来看,恪尽公益性办学原则是中外著名高校产生的基本前提,从教者要有奉献而不是索取的精神。杨福家认为,真正一流的民办高校应是"非营利、公益性、追求卓越"的大学,其使命是以育人为本。中国民办高校要想有大的突破,建设比肩公办高校的一流大学,必须超越办学短期功利行为,以实际育人行为消除民办高校营利性的办学思想,克服社会力量投资民办教育的营利性动机,旗帜鲜明地坚持公益性办学原则,立足长远,不忘初心,牢记使命,树立超越物质利益、回报人类社会和培养下一代的办学精神,以百年大战略、教育大情怀、国际大视野、改革大手笔,聚社会大力量为民生办学,不求回报,办成不属于老板个人而属于社会公益事业的民生利益共同体,彰显共同的公益价值观。聚师生心、集社会

力,力出一孔,不但能升维超脱解决当前民办教育的分类管理问题,亦能彻底解决民办高校办学经费来源的单一问题,只有变成一个社会、政府、家庭、学校的教育责任体,才能实现中国一流民办高校的建设目标。

2. 实施特色化发展战略,构建中国一流民办高校创新共同体

中国一流民办高校命运共同体的动力是创新共同体。创新创业是每所民办高校的生命基因,敢闯会创是民办高校的办学特色。较之公办高校,民办高校的价值之一是体制创新的优势,具有市场敏锐、机制灵活、锐意改革、大胆创新的优良传统。民办高校应充分发挥其体制优势,张扬其生命活力,走有别于公办高校的差异化特色发展道路。创新的力量源于对民办高校自身独特性的感知和发挥。民办高校想在高等教育竞争中胜出,需要充分认识、尊重自己的优点并彰显自己的优势,成为最好的自己,发展为一所特行独立的大学。民办高校应基于对公办学校的模仿、借鉴,实现自主创新;应超越经验,摆脱惯性,向遵循教育规律、人才成长规律和市场竞争规律的特色办学迈进。其创新的重点在于优势资源的整合和机制效益的发挥,如市场敏锐性与机制灵活度配合程度,机构的扁平化和工作效率对资源优化配置程度,特别是民办高校锁定中国一流发展目标后压强原则的实施情况,即集中民办高校可以集中的力量,优化结构,对优势突出的学科专业"密集炮弹、饱和攻击",强化特色办学,建设若干国家一流专业、一流课程,力争在一流学科有所突破,或把创新创业教育作为改革的突破口,率先在点上实现突破,在局部领先公办高校。运用否定之否定法则,克服守城意识和自我满足感,以忧患意识,与时俱进,不断否定过去、否定自我,时刻保持奋斗者的姿态,以守正出奇的办学章法,不断发起新攻势、创造新优势,超越自身优势,建立切合市场需求和创新驱动的新模式。

3. 奠基融合化发展路径,构建中国一流民办高校学术共同体

中国一流民办高校命运共同体的内核是学术共同体。生逢改革开放新时代、成长于市场竞争环境、受益于国家政策新红利的民办高校,其本色是亦企亦校的混合跨界教育。适应市场、根植产业、知行合一、守正创新是其成长的必经之路。大部分民办高校都按照地方性、应用型的办学定位来办学,与公办高校相比,其具有生源分数低、师资水平不高、教学设备短缺、学术研究投入不足、学费较高等问题,如此循环往复很难提高人才质量和提升办学声誉。民办高校应融入区域,将学科专业对接产业链,跳出区域看全局,跳出教育看教育,树立动态发展的战略眼光,超越规范做示范,超越学科、超越校企、超越校地、超越

校内外与课内外之间的界限,进行跨界融合、升维整合;要将人才培养主要定位于应用型,但不排斥有复合型、研究性的人才培养;要持续强化民办高校的学术研究,师生都要以研究学问为志业,把学校建设为驰名中外的学术共同体。

强化民办高校人才培养,关注人才培养质量。高校若没有学术上的声誉,很难有人才培养上的声誉。中国一流民办高校建设的理想结果一定是优秀的人教优秀的人,前一个优秀的人是学术意义上的学者性卓越教师,后一个优秀的人是学问有所成的学生。没有优秀的学者作为教师从事学术研究,没有优秀的学生扑身学问都会影响一流民办高校的建设。引进优秀学者的核心利益诉求不是待遇而是学术发展、学术生涯问题。这于民办高校而言,就像刚学会走就开始要求跑,有些强人所难,但不是不可为,关键在于怎么做。具体表现为:实施大舰战略,在学校层面进行组织和政策引导,主动引导教师聚焦科研,做到有所为有所不为,专注聚焦;对人才实施团队引进,汇聚学者专家,聚焦学术领域,并给予一定的时间和自由度,创造条件提供学术系统支持,重点支持研究团队的集成创新,支持学生参与教师学术研究。未来对成功高校的界定将以学生提升高度和其学术成果共享为标准。优秀的学生、学者合力冲击某个学问、学术上的制高点,成为中国一流民办高校学术共同体的一个显著特征。

4. 坚持国际化发展思路,构建中国一流民办高校文化共同体

中国一流民办高校命运共同体的底蕴是文化共同体。优质的高等教育亦中亦西、中西合璧,没有国界。建设中国一流民办高校,必须开放办学,既要发挥本土优势,立足地方,具有地方性,又不局限于地方性,坚持以全球眼光进行国际化发展,拓宽办学资源,培养学生的国际视野。中国一流民办高校应立足中国大地,弘扬中华优秀传统文化,突出中国特色、中国气派和民族特色,还应有海纳百川、开放包容的胸怀,营造一种国际协同和产、学、研融合的文化氛围。办大学在某种意义上就是营造文化氛围,培育一流的校风、教风、学风,形成不约而同的共同行为方式,并将这种行为方式内化于每位师生员工的行为中,成为每个人的文化标签、行为知觉和价值判断。共同行为方式具有精神信仰的力量,能凝聚成质量文化的力量,构建开放包容、追求卓越、学风浓郁的文化共同体。建设国际化文化共同体关键在于人,管理队伍和师资是瓶颈,突破口在于以全球的资源建设一流的民办高校,以国际视野选聘干部和师资,引进对全球高等教育有深刻洞察和国际文化背景的人才,大胆引进外籍教育职业管理专家和外籍教授,与国内优秀教师组成团队,建设"混凝土"组织。国际化民办高校不等于中国一流民办高校,但办学的国际化是中国一流民办高校建设过

程中不可或缺的一段航程。国际化不等于外语化,但"外语+"应是教育教学刚性的要求。在全球化经济发展的背景下,毕业生应具备外语交流能力。大学的国际化实际上是人才的国际化,重在营造国际文化环境,促进国内外师生跨国人才流动和跨文化交流,培养具有全球视野的"形"、中国文化的"神"、民办精神的"魂"的形神兼备、形神合一的人。高校的成功源于学生的成功,国际化人才培养的成功意味着具有"形""神""魂"的高质量、有特色、国际化的一流民办高校建设成功。

5. 提供优质化课程服务,构建中国一流民办高校学习共同体

中国一流民办高校命运共同体的本体是学习共同体。学校教育最重要的是建立真正意义上的学习共同体。中国一流民办高校不是学校自封的,也不是政府或第三方评估机构评出来的,而是人民群众在接受优质高等教育后的普遍认可。中国一流民办高校的要义在于学者、学生、学术、学问等要素聚焦学习和教学过程的品质与质量的集中体现,实现优质的教与学。民办高校有情怀、有定力、有魄力,在具体的行为上持续不断地提供品质教育、品质教学、品质管理、品质服务,久久为功,形成民办高校一流的发展指向和卓越的教育品质。中国一流民办高校作为以知识传播为内涵的学习型组织,为学习者提供的主要产品是优质课程。以课程立校是中国一流民办高校的重要命题和行为重点。中国一流民办高校应以学习者为本,亦教亦学,构建一个生动高效的学习共同体。因材施教就是要按照学习者的学习规律和成长规律并结合信息化教学手段开展合适的教与学。在课堂教学的主阵地上实现师生互动、生生互动,通过建设师生相长的生动课堂,消除教师与学生的界线,使其共同演化为学习者。通过成就学生来成就教师,通过成就师生来成就学校。教、学、做一体,开展体验式教学,在完成"做"的任务过程中构建一个由学习者协同互助、成长进步的学习共同体。优质的课程、高效的课堂离不开优秀的教师,教师的优秀不是以学历、职称和论文来衡量的,而是源于教育职场的实战磨炼。优秀的教师以课程为载体,以课堂为主渠道,研发一流的课程,围绕读书开展研究性教学、融合式教育、优质化服务,带给学生优质的教育体验。构建学习共同体将使发展的视角从以学校为本转变为以学生为本,使学校的各项工作以学习者发展为中心,而不是以领导为中心,使学校从关注教师教学转变为关注学生学习,使学校从教学改革转变为学习革命,最大限度地支持和推进师生共同成长、共同发展的学习体系的构建。

6. 完善现代化治理体系,构建中国一流民办高校事业共同体

事业共同体是建设中国一流民办高校命运共同体的保障。民办高校应全面加强党对民办教育事业的领导,促进学校管理向教育治理迈进。一所民办高校自创建之日起,经过几代人的辛勤付出,如能历经百年,不管其法定代表人如何变更,其发展的结果必然是一所坚定社会主义办学方向的高校,成为人民教育事业的一分子。拉长历史来看,教职工现在从事的工作是一个具有责任共同体的、有价值的教育事业,不是一个人的产业,而是包括教职工、在校生、潜在的在校生和毕业生以及有关社会人在内的社会共同事业,形成基于解决教育事业的现实问题而形成的相互关联、相互促进的治理共同体。每位民办教育从业者都有必要淡化"老板"的概念,有建设中国特色社会主义一流民办高校的鸿鹄之志,如此,民办教育工作将不再是简单的利益共同体了,而升级为依靠科学实现治理现代化的事业共同体。民办高校应基于学校事业共同体,在共同愿景、使命、价值观的引领下,以学校章程为统领加强制度建设,以学术委员会为核心完善组织建设,健全学校党政分工负责、群众民主决策的机制,形成上下同欲、师生协同、社会参与的治理体系,完善具有民办特色的现代大学制度,打造一个具有创新性、先进性的事业共同体。

7. 完善发展型生态系统,构建中国一流民办高校成长共同体

建设成长共同体是中国一流民办高校命运共同体的归宿与目的。教育的终点是人的成长,使人成为人。学校的发展取决于人的成长。没有师生的成长就没有学校的成长,学生成长成才和教师专业发展是推动民办高校成长并发展为中国一流民办高校的源动力。能否完善学校发展型生态系统,构建学校、教师、学生成长共同体,是决定中国一流民办高校建设成功与否的关键。学校发展的核心不是专业和学科,而是学生、教师的成长和发展;高等教育的真谛不再是专业教育与通识教育争论,也不是"授人以鱼"与"授人以渔"的辩论,而是满足学生和教师的个性需求、服务生命的成长体验。民办高校应把关注点放回到服务学生、教师的成长上来,激发学生、教师的内在动机,搭建发展的平台,为学生提供服务与支持,让学生成长成才;应以教师、学生、校友的发展为中心,促进学生发展、校友发展、教师专业成长,办社会大学校;应打破平衡,突破象牙塔内的封闭系统,建立健全具有共同愿景的开放、协同、互动、发展生态系统,在社会的广泛参与下,使利益相关者得到成长进步,构建师生生命成长的共同体,实现师生在合作交流、自我修正、实践反思中健康成长。

建设民办高校利益共同体、创新共同体、学术共同体、文化共同体、学习共同体、事业共同体、成长共同体，实现"七体合一"，相互融通、相互支持、全面发展，使平凡的民办高校存在发展为不平凡的中国一流民办高校的极大可能性。通过公益性、特色化、融合化、国际化、优质化、现代化、发展型七条建设路径，构建以利益为本质、以创新为动力、以学术为内核、以文化为底蕴、以学习为本体、以事业为保障、以成长为归宿的人本性、社会性的命运共同体。

第二节 "黄海"教育优质化发展之路

教育的逻辑起点：我交给你一个欢欣、诚实又颖悟的孩子，多年以后，你将还我一个怎样的青年？要回答好教育的根本问题——为谁培养人，培养怎样的人，怎样培养人。

教育的竞争规律：只有第一，没有第二。教育竞争归根到底是落实在优质教育之间的竞争，优质教育竞争在于教育质量文化的竞争，背后是优质师资和优质生源的竞争，实现优秀的人教优秀的人。

教育的基本矛盾：人民日益增长的优质教育需求和优质教育短缺之间的矛盾。满足人们从"有学上"到"上好学"的需求。

教育的本质属性：人民要求教育必须是优质的，生命线性规律决定教育应该是优质的。教育的本质要求更高效地培养德才兼备的社会精英。

优质的教育路径：没有门槛，就没有标准；没有标准，就没有质量。优生优育，学而优则上。优质的教育资源首先要满足优质的学生，对优等生实施精英教育，实现教育效益最大化。

教育的主体价值：实施优质教育，提升教师的职业尊严，打通学生的上升渠道，人人获得出彩的机会。

优质的办学模式："院园合一"，将"选拔精英、产教融合、双语教学"贯穿教学全过程。

人才的培养体系："外语＋商务＋计算机"，构建基于创新、创业、创客的实训式人才培养体系。

人才的培养目标：出国英语无障碍，考"双一流"高校的研究生，就业后成为高薪白领。

优质的保障体系:教学过程双语化、教育产品电商化、师生相长项目化、教学设计精准话、教学评价他方化、资源配备高端化。

师资队伍的标准:服务教育上移后本科教学资格(硕博化),具有双语教学、产教研融合(科研项目化、教学科研成果化)能力,具有项目创业者的梦想、激情、斗志,不应付,认真应对规定的工作和指标。心怀梦想,让我们更有尊严。

教育转型升级:适应社会与产业的转型升级,教育上移为本科,以本为本,教育发展主题是质量提升,教育面临着数字化、智慧化、国际化的升级改造。

专业发展规律:准确把握学科专业的生命周期,快、准、狠搭建"市场需求—学生学业—学校学科"桥梁,最新、最快地满足学生兴趣与市场需求之间的教育服务。

教师教学规律:教师是在教学而非在讲课,教学即学生学。教、学、做一体,因材施教,教学相长;任务驱动,项目导向。

第三节 "黄海"国际商学院优质化发展的路径探索

2015—2023 年,我进行了有关商科教育的实践与探索,从 2015 年的国际电子商务学院、2018 年的国际商学院(国际电子商务学院和管理学院合并成立)到 2020 年的国际商学院(国际商学院、财经学院、外语系合并组建),为了新商科的建设不断优化教育教学资源,努力实现高质量发展。

青岛黄海学院在发展过程中,专业院系分分合合,但分与合都是为了发展。国际商学院在不断调整、组建的过程中释放学院整合红利,师生员工享受学院发展、学校发展的成果,使个人发展和学院发展、学校发展同步,促进师生成长。整合是一种造大舰战略和饱和攻击战术,旨在聚集全校的人力、物力、财力,促进经济学、管理学、工学、文学交叉融合。

一、新商科理念

学校应树立新商科融合教育的理念。有专家直言:"如果商科专业不改造、不升级,将来会面临很大的冲击。如果还像过去一样培养学生,再过五年,这些学生就没有企业肯要了。"传统的商科课程是按照工具型人才培养标准的教育理念来设置的,基于亚当·斯密的劳动分工理论,强调各个科目由单一的、独特的内容组成,各学科相对独立、封闭,自成体系,这样的设计倾向于割裂知识,割裂了整体的事物,使学生的理解力有了断层。互联网、大数据、人工智能改变了人的行为,人的行为改变一定会引发商业模式的改变,商业模式的改变一定会引发产业结构的改变,产业结构的改变一定会引发社会变革,社会变革后便会要求改变教育。在此背景下,新商科应运而生。商科的人才标准、教学理念、教学模式、课程体系、人才培养模式面临着变革。新商科的教育是一种融合式的教育,打破了专业的界限,商科与工科、理科、文学、技术跨界融合,商业教育融入各个学科。新商科教育突出四个"新":一是新思维,让商科学生有计算思维;二是新规则,需要研究新经济形态的内在逻辑;三是新理论,具有数字新经济时代的商务理论方法;四是新工具,需要掌握数字新经济时代的方法、工具及技能。

第一,要做好商科内部学科的融合,将财务管理、电子商务、市场营销、物流管理、互联网金融、国际经济与贸易、酒店管理、国际商务、外语、计算机、人工智能等专业进行融合,破除学科专业壁垒,打破学科专业教研室的壁垒,构建大商科平台,实现实验设施、师资等资源共享,打通专业基础课,在实施培养方案时充分考虑,还需要考虑外部融合。

第二,深化产教融合,搭建企业需求侧和教育供给双方侧资源要素融合平台,完善对接地方产业链、创新链的专业链条。

第三,构建"外语+商科+智能"深度融合的学科专业建设机制,实施"外语+"战略,促进办学国际化,强化英文授课;实施"智能+战略",技术赋能新商科。

第四,完善"学业+产业+创业"人才培养机制,在"院园合一"机制下深化专创融合工作室制人才培养,积极引进行业一线专家或资深从业人员担任专业课教师,构建"一体多元"课堂协同机制。"一体"指第一课堂,"多元"指创新创业实践、校内外实习实训、企业课堂等课堂形式。

第五,将红色文化和中华优秀传统文化融入课程思政,强化新商科人才价值引领,培养学生中的儒魂商才。商科培养的人才是未来的领导者,思想政治必须过关,儒商文化亦要具备。

第六,持续推进线上线下混合式教学改革,强化双语教学、翻转课堂、生动课堂改革,强力推进课堂教学革命,因材施教,推进本、专科分类教育,建设全校改革创新示范先行学院,营造一个开放的系统、改革的环境,建设有活力、有朝气的新商科学院。

围绕新商科、新思维、新融合、新高度，我们应不计较一己之私、一时得失，应做到心中有学生，以大胸怀、大格局的雄心和战略思维，高质量、大手笔地建设国际商学院。为此，我们需要搭建大平台，引育高层次人才，申报教科研项目，培育教学成果奖和科研成果奖，培养具有国际视野的人才。方向定好了，怎么走？关键是人，人人参与，只要付诸行动，一切皆有可能。要干出个样子，办有尊严的教育，这是使命担当和尊严所在。"黄海"国际商学院应锁定同类学校中一流学院、一流人才培养、一流教育服务的建设目标，以学生为中心，坚持德育为先、教学为要、科研为基、成果导向，以"推动国际商学院高质量发展"为主题，坚持目标导向、问题导向、结果导向，强化思想认识和责任担当，全面提升工作质量和育人水平，实现从培养工业时代流水线工人向培养信息时代创新性商科人才转变，从封闭自循环向开放协作转变，为学生成长成才搭建一个高质量、有特色、前景广阔的教育平台，让师生有更多的获得感。

二、价值追求

教育不为过去，不为现在，而为将来。人才培养要与新时代、新经济接轨。青岛黄海学院应基于数字经济时代的教育变革，以战略性思维凝聚思想共识，推动国际商学院高质量创新发展。

1. 愿景——成为数字经济优质教育提供者，建设全国同类一流商学院

坚定追求卓越的发展取向、优质特色的发展理念，建设一所受人尊敬、充满幸福感、成就感的创新创业型商学院。将常规做到极致，让奋斗成为习惯，让优秀成为常态，让优秀的人培育优秀的人，为学生提供优质的教育服务，使学院成为红色文化、创新文化、儒商文化、工匠精神与数字经济融合发展的新平台，成为全国有影响的跨境电商人才培养示范基地。

2. 使命——面向未来，融合创变，技术赋能，培养具有儒商精神、国际视野和敢闯会创的商科人才

面向未来，为未来而学，向未来而教；面向世界，儒商融合，"外语＋"是刚性要求；面向现代化，技术赋能新商科，学科交叉融合；面向产业，基于产教融合开展创新创业教育，努力实现产教融合、专创融合，为青岛数字经济发展培养能熟练掌握新一代信息技术，具有国际视野和儒商精神，会外语、懂经济、能管理的创新创业型数字经济人才。

3. 价值观——以学习者为本,激活生命能量,构筑师生学习共同体,为学生成长赋能

教育工作的起点是生源,归宿与落脚点是学生的成长成才。青岛黄海学院应以学生发展为中心,以应用型人才培养为主,兼顾研究型、复合型、创新创业型人才培养,满足学生多元化发展需求;应激活个体,围绕读书办教育,建设学习型组织,为学生成长、成才、成功负责,为学生终生发展奠基。

三、聚焦特色,建设"特强大新"的商学院

坚持以学生为中心、以成果为导向,运用平台思维,建设"特强大新"的商学院,成为数字经济优质教育提供者。所谓学生中心,就是要坚持立德树人的根本任务,为学生生命赋能,为学生成长成才奠基,做到目中有人、心中有书,高质量绘制教育蓝图。所谓成果导向,就是将理想蓝图落实到学生和教师的受益和提高上,让学生的激情和梦想华丽绽放。所谓平台思维,就是倡导开放、共享、共赢的理念,运用平台思维做乘法,跨界融合、整合资源,实现价值倍增效应。

1. 特

"特"在创业型人才培养上,"特"在国际,"特"在商。突出"外语+专业+工作室制"人才培养,建设创业型、开放性特色国际商学院,校、地、企协同,课、岗、证融通,训、赛、创一体,产、学、研结合,创浓厚文化氛围,创元素融入课程体系,推进思想政治教育、创新创业教育、专业课程教学深度融合,培养具有企业家潜质、国际化视野的有创意、能创造、善创业的新时代商科人才。

2. 强

"强"在同类一流上,"强"在为地方中小企业的服务能力上。明确一个面向(即重点面向区域中小企业需求),抓住两个结合(即校内教学与校外实践结合、本土化与国际化结合),实施三维对接(即培养机制的三维联动,引入校外资源,构建"专业—产业、师生—企业、课程—项目"三维联动的培养机制),历练学生敢闯、会创、实干、会干的实践品性,打造民办高校中最好的商学院。

3. 大

"大"在体量与规模上,"大"在商科教育的社会影响上。大不仅表现在本科生培养规模上,更体现在人才培养定力、活力、实力、潜力上,对区域商科教

育能产生较大的影响,对区域经济社会发展有较大的贡献,在学生家长及社会评价上有较好的口碑,树立起一个有影响力的标杆;大在大气、大格局、大志向上,为学院发展和人才培养作出大贡献,矢志一流,以建设全国同类一流学院为愿景,以培养具有眼高手实、敢闯会创的新商科人才为使命,以构筑学习共同体、为师生成长赋能为价值观,以一流的工作标准、一流的工作要求,努力创造一流的工作业绩。

4. 新

"新"在智能商科与国际商科的创新发展趋势上。外语、国际化、大数据、人工智能、新商科、创新创业等元素的融合与创新有利于新时代数字经济应用型、创新创业型人才的培养。

四、发展思路

加强党的全面领导,守住师德底线,守住安全底线,守住心灵的一片净土,清清白白做人,踏踏实实做事。

1. 目标——"取法乎上",争一流

与强手过招,坚持第一等的襟怀、第一等的追求,不断挑战自我、超越自我。以"争一"而不是"保二"的思维来谋划工作,以"争一"的思路来突破工作,以"争一"的作风来推进工作。寻标对表找差距,奋力赶超争一流,建设一流专业、一流课程,成就一流育人业绩。

2. 立场——学校只有一个立场(即学生立场)

学生的成长成才是所有教职工的事业。服务学生的成长成才,从每节课、每门课、每个项目、每个活动、每个场所、每件事做起,树立优质的服务意识、学生中心意识,各项工作均要创优争先、守正创新,实现高质量发展。

3. 定位——坚持地方性、应用型、创业性、国际化学院定位

坚持以本科教育为主体和"产业+学业+创业"人才培养定位,按照学科交叉融合、产教融合、双语融合、儒商融合的要求,培养具备中华优秀传统文化素养、懂互联网经济、会现代商业管理、创业有能力、深造有基础、发展有后劲的应用型优质人才。

4. 理念——树立教育优质化发展理念

坚持开放、包容、跨界、协同、共赢思想,锁定建设优质特色高水平二级学院目标,推进校企协同育人、合作开放办学,以学科专业、创业教育、社会培训为抓手,逐步实现由二级教学单位向二级办学单位转变,努力将学院建成学科交叉优势明显、创新创业型、开放式的高水平改革优质特色示范学院。

5. 思路——厘清改革、创新、实干的工作思路

无改革就无活力,无创新就无发展,无实干就无成功。改到难处,改到痛处,改到深处,创新示范。主动作为,锁定目标,专注重复。要有"打硬仗、啃硬骨头"的精神,忘我成我,能舍能得。要埋头苦干不争论,先行先试不评论,以特区的精神干事创业。

6. 机制——完善"院园合一"校企协同的机制

探索与人才需求相符合的校企一体化、教育与生产劳动相结合、产业链与专业链合一、二级专业学院与产业园合一的办学之路,将大学生创业孵化基地与国际电子商务学院、创客学院进行资源整合,创建了"院园合一"的校企协同育人机制。通过"儒商学堂+企业工坊+创客空间"的方式,在人才培养、创业孵化、产业经营、社会服务领域建立了产业为体、文化为魂、教育为本的产学联合体,实现了人、财、物、时、空、信资源共享。致力于"专业教学、社会培训、创业孵化"三位一体的学院建设,培育跨境电商产业链、创新链上的应用型优质人才,实现学院超常规、跨越式发展。

五、发展路径

坚持以人民为中心的发展思想,牢固树立以师生为本的办学理念,以提高人才培养质量为主线,服务需求,对标争先,看五年,想三年,认真做好每一年,使师生的获得感、幸福感逐年提升。锁定省内同类"争一保二不落三"的一流目标,畅通亦中亦西、亦校亦企、亦儒亦商、亦学亦教的建设路径,建设"特强大新"的国际商学院,实现有特色的、高质量的发展。

亦中亦西,推进人才培养国际化。中西结合,中西混搭,中西合璧。商科教育理念要有国际化视野,分专业寻找和对标国际化程度较高的高校商科专业,找到差距之所在和努力的方向,制定适用性整改措施,以实现"超标式"跨越。以国际化为突破口,确定专业人才培养的国际标准。构建"外语+商科+智能"深度融合的专业建设机制,建立健全"外语+专业"外语人才培养模式和"专

业+外语"商科人才培养模式。基于学生的国际化学习成长通道设计课程教学体系,匹配政策、人力和项目支持,持续增加英文授课、双语课程、国际项目的学生数量和比例。鼓励学生出国留学和高端就业,引进具有留学背景的双语专业教师,组建国际化专业课程团队,在创新实验班、商务英语、国际经济与贸易、国际商务等专业课中实行双语授课或英文授课,建立健全英文(双语)专业课程体系。营造一个开放系统,创建一种融通氛围和改革环境,建设有活力、有朝气、有国际范的改革创新示范先行学院。

亦校亦企,深化产教融合。是学校又不能太像学校,像企业又不是企业。学院应面向地方,服务产业,开放性办学,实施产教融合工程,低重心合作,高质量发展。每个专业都要与地方产业、行业、企业紧密对接。学院应在"院园合一"机制下,完善基于创新、创业、创客的实训式人才培养模式,深化专创融合的工作室制改革,建设"双导师联合(学校导师+企业导师)、双课堂融通(学校课堂+企业课堂)、三业融合(学业+产业+创业)、三实教学(培养目标突出实践、教学实施贴近实战、毕业论文关注实际)"人才培养机制。学院还应改变学科逻辑和学科本位,按照行业、产业、企业适用性和针对性设计课程模块组合,促进"课程链—专业链—能力链—产业链"融通;聚力工作室建设,与行业协会全面合作,每个专业与行业企业开发一门应用型课程,出版一部专业实践型教材,引进教学案例和项目,建有深度融合的校外实践基地;建设企业课堂,推进"学校课程—企业课程—企业化课程"的迭代升级。

亦儒亦商,推进儒魂商才人才培养。陶朱事业,端木生涯;以德为本、以义为利。诚信守法、担当包容的商行、商会、商家,大多以儒家思想为精神源头。儒商把经济目标与人文目标合二为一,把时代精神与传统文化融为一体。学院应立足中华优秀传统文化,着力培育学生成长为内有家国情怀和科学人文修养,外能勇担社会责任、怀抱经世济民理想的全面发展的人,将思政教育、美育、中华优秀传统文化、专业教学四者有机融合,将中国特色、中华文化与国际标准融合,把思政教育、时代精神与优秀传统文化融入人才培养,推动立德树人的根本任务并将其落到实处。学院还应研发具有儒商精神、商科特色的系列选修课程;在所有本科专业开设并建设好独具特色的儒商文化专业基础课;强化思想政治教育,所有专业课程都要进行课程思政研发和建设,以社会主义核心价值观强化新商科人才价值引领,实现全课程育人;实施师生经典阅读计划,着力打造儒魂商才的文化特色,建设儒商文化走廊,致力于书香学院的文化建设,围绕读书办教育,强化师生读书活动。此外,学院应引导教师开展商科课程思政、儒商文化教改和科研项目研究。

儒魂商才。民族的就是世界的,学院应强化中华优秀传统文化教育,着力打造儒魂商才的文化特色,面向全体商科学生开设儒商文化或儒商之道课程,建设儒商文化走廊,建设书香学院。

亦学亦教,行走在教学改革的路上。课比天大,抓课堂主渠道,加强在线课程、翻转课堂、高效课堂建设,培养学生的阅读能力、写作能力、演讲能力、实践能力。推进教改,推广"工作室+微学习"教学模式;推进考改,建立以能力为导向的学业考核方式;推进学改,实施学分银行制度,抓好第二课堂成绩单,拓展专业创新创业实践平台,实现学生创新创业教育与学科竞赛全覆盖。改到深处是课程,改到痛处是教师。课是人才培养的基本单元和关键核心要素。课程质量直接决定人才培养质量。建"金课",去"水课",让要求严起来、课程难起来、教学实起来、学生忙起来、质量提起来。教亦学,学亦教,教学相长,构建生动课堂。推动课堂教学改革,变教室为学堂,让学堂里"生动"起来,变讲课为教学,即教师教学生学,提高课堂效率。以学生为中心,开展自主、合作、探究的体验式学习改革,引导教师上好每一堂课,构建让学生乐学、想学、会学的课堂。

1. 课程+网络

为学生提供多样化、多形态的课程资源和内容。结合信息技术打造新型教学空间,力争对教室、实验室等场所进行改造,为教师开展线上线下混合式教学提供硬件支撑。重点加强在线开放课程建设,加强教师培训,提升教师将信息技术手段融入课堂教学的能力,持续推进线上线下混合式教学改革。

2. 名师+课堂

大力引进市级教学名师、教学能手、讲课比赛一等奖获得者;引进省级以上教学名师兼职,汇集名师大家为本科生上课。落实教授为本科生上课制度,让优秀教师为本科生上课。完善教师评价制度,引导教师加大对教学和教学改革的投入。

3. 考研+出国

鼓励学生考研深造,建立健全考研激励机制,充分发挥专业教师的主导作用和班主任、辅导员的引导作用,加强考研自习室建设。激励学生出国留学,开拓赴国外交流学习项目,开设出国拓展课程。

4. 创业+竞赛

转理念,将创新创业教育融入人才培养全过程;重实践,实施分层次、全覆盖的创业能力提升训练方案,产创融合,支持学生尽早投身科研竞赛,早进课题组、早进实验室,实现科创融合;抓协同,各专业教研室、班级协同开展各类创新创业教育项目,打造学科专业,课内和课外,政、校、行、企多方协同的育人格局。

5. 技术+文化

用技术和文化赋能新商科,在融合上做文章,树立新商科融合教育的理念。新商科的教育是一种融合的教育,打破了专业的界限,将商业教育融入各个学科。首先,要将商科内部学科融合做好,打破传统学科、专业界限,如商旅文的融合。破除专业壁垒,打破专业教研室的壁垒,多专业一体化发展,构建大商科平台,所有实验室共享,打通各专业基础课和专业课程,还需要考虑外部融合,如与大数据、人工智能、外语进行融合。

六、关键抓手

不怕有缺陷,就怕没亮点。集中优势,专注精进。抓核心,抓关键,抓"牛鼻子",关键之为要有关键之事,关键之事要有关键之人。用"牛人",办"牛事",抓"牛鼻子",打造"牛点",超越规范做示范,把不可能变成可能;用创新的思维、发展的眼光、改革的办法,解决前进中的问题。先行先试不评论,埋头苦干不争论,用业绩说话。强点突破,取得标志性成果,驶向浩瀚的深蓝,在百舸竞流中成为领航的旗舰。

学校的"牛人"首先是校长和院长。校长、院长"要做一个整个的人,别做一个不完全、命分式的人。"陶行知认为,做一个学校校长,谈何容易?说得小些,他关系千百人的学业前途;说得大些,他关系国家与学术之兴衰。这种事业之责任不值得一个整个的人去担负吗?现在不然。国家把个整个的学校交给你,要你用整个的心去做个整个的校长。为个人计,要这样才可以发展专业的精神,增进职务的效率。为学校计,与其做大人名流的附属机关,不如做一个学者的专心事业。为国家教育计,为个人精力计,一个人只可担任一个学校校长。整个的学校应当有整个的校长,不应当有命分式的校长。

以科研成果为例,成果背后是人才,没有标志性成果意味着没有关键人才和团队!仔细一想,不是缺人,而是缺成果意识和拼命三郎的精神。

为什么没有科研成果？是没有学术追求，没有做学问的心，没有学科意识，缺乏研究的踏实行动，这恰与大学学术共同体的本质背道而驰。

为什么每天很忙却没有成果，看起来很努力却做不出成绩？因为忙不等于努力，可能没把时间聚焦到产出成果的事情上来，陷入整天"瞎忙"和"更忙"的怪圈！实际上，你把自己的精力放到哪里，哪里就能出成果。如果你把精力浪费了，就没有成果；如果你把精力放到重要的事情上，就能出成果。一句话，没有大投入就不会有大产出。

为何建设"特强大新"的国际商学院的"亦校亦企、亦中亦西、亦儒亦商、亦学亦教"建设思路落实不到位？

谁去落实？如何落地？有没有抓手？抓手看得见、摸得着、抓得住，推得动、拉得出，可管、可控、可激励、可束缚、可赋权、可问责……仅提出就希望能有所收获是绝对不可能的。路径必须具备"抓手"效应。缺少有效"抓手"，还是隔空喊。

为什么学生的升学率和高质量就业率迟迟提上不去？教师是否时刻把学生放在心上？多少教师认认真真培养自己，却稀里糊涂培养学生？教师是否存在对教学投入不够，以学生为本、为学生服务的意识不到位的情况？教师要走进学生的心，从学生中来，到学生中去，真心实意、尽自己所能帮助学生解决学习、生活、就业等方面的问题。

关键在于落实。学校必须狠抓工作落实，要高标准落实，要创造性落实，要在奋进中落实，让学生有学头、教师有干头、家长有盼头、学院有奔头，让师生尝甜头、能出头。

1. 抓队伍

事在人为，关键是人才。人是第一要素，任何组织皆然，学校尤甚。组织创新、单位发展，肯定需要聘人、选人、调人，先人后事第一、结构组合第二、实施运营第三。学校应以强烈的忧患意识，正视人才匮乏、优秀人才断层、缺少领军人才的现状，加强师德建设，做好人才"引育留用"文章，打造有德之师、有才之师、有为之师。

学校发展到今天，不能眉毛胡子一把抓，要抓主要矛盾，聘"牛人"，才能办"牛事"，方能打造"牛点"。坚持师德师风的第一标准，打造廉洁、干净、干事、忠诚的教师团队，营造风清气正和干事创业氛围。人才不是等来的，是吸来的。学校应纳百川入海，不拘一格地容人、用人，搭建平台，设置配套制度，营造既有民主又有纪律、既让人心情舒畅又能干事创业的环境与平台，激发教师搞科研的积极性。学校还应加强教师校本培训,引导青年教师练好基本功;加强双师双能教师建设,提高教师的教学能力;用足用好柔性人才引进政策,引进企业兼职教师、校外创业导师、产业教授、高校教授。

2. 抓生源

没有生源就没有学校,应全员参与招生宣传,适度扩大生源规模,着力提高生源质量,做强、做优、做特各项工作,提高师生满意度,加强正面宣传,杜绝负面信息,经常性地进行专业宣传,多搞品牌宣传活动,提高学校的口碑和专业社会美誉度。

3. 抓课程与课堂

课程要实用,课堂要翻转。上课是教师的看家本领。教师的第一要务是上好课,向课堂教学要质量。教师应以课堂教学为着力点,推进基于翻转课堂的线上线下混合式教学改革。课堂改革的核心是变革教学关系,把课堂交给学生,以学活教,要"弹性"与"留白",让师生形成真正的师生学习共同体。学校应推进信息化教学,建设课程资源,推进微课、翻转课堂、线上线下结合混合式教学,开展教学比赛。实行一师一优课,每位教师至少建成一门优质课。校企共建应用型课程,构建以职业能力为本的课程体系。学校还应试行学业导师制和校企双导师制,推进教产研相结合的专业人才培养模式。教无定法,学校应大胆创新、积极改革,只要学生满意、有收获的就是好课。教学不是教书,而是教学生学。学校应以产业学院为抓手推进产教深度融合,以工作室为抓手促进专创深度融合,以课程组为抓手落实课程资源建设和课堂教学改革,以虚拟教研室为抓手促进现代信息技术与教育教学深度融合。

4. 抓学科专业

做好专业建设的减法、乘法和除法,实施大舰出海战略。重点做专业建设的减法:压缩专科专业数量,减少专科学生人数。做专业建设的乘法:强化学科交叉融合,促进"计算机+商科+外语"复合型人才培养。未来的趋势一定是跨界,不跨界无未来。人工智能是根本,跨境电商是未来,"外语+"是刚性需求,优质和特色是必然要求,产教融合是生命活力和发展路径。做专业建设的除法:聚焦所服务的产业链和创新链,在资源有限的情况下,集中力量造"大舰"。使专业集群向智能化、国际化迈进,对商科专业进行智能化改造,建设智慧物流、大数据营销、商务数据分析、电子商务技术、金融科技等专业方向;进一步凝练国际经济与贸易、国际商务、电子商务、市场营销、商务英语等专业的跨境电商方向;加快专业集群发展、微专业、课程群课程建设;跨专业重组基层教学组织,改革教学生态。

5. 抓标志性成果和科研项目

标志性成果包括标志性人才、标志性科研成果、标志性教学成果、标志性学生竞赛成果和学生社团、标志性党建成果等。学校应在坚持师德师风第一标准的前提下,坚持学术标准引进人,坚持成果导向评价人。选拔用人得有一定的学术水平、工作安排要有学术思维、考核要用学术评价。学校应以科研成果为导向引进高水平人才,以国际化人才培养为导向引进能全外语授课的专业教师,努力打造"农村电商+生态旅游"乡村产业振兴、智能会计、"外语+商务"三个服务区域经济社会发展的高水平研发团队。

咬定项目落地不放松,落实教师人人有课题、个个带项目,实现教师人人主持教科研项目,通过教科研项目实现事上练。以标志性项目和标志性奖项为培育对象,加强对项目和成果的顶层设计、组织协调、资源整合和协同创新,充分调动学院和教师个人在争取成果中的积极性和主动性。成立专家咨询组和推进工作项目小组,专家咨询组负责筛选确定标志性成果培育对象和每年度申报国家奖的推荐项目。有重点地进行科学研究,落实教师科研额定工作量制度。教学改革项目真题真做,强化过程管理,及时进行结题验收,注重推广应用,培育省级教学成果奖,把国际商学院真正建设成有学术贡献的学术共同体。

6. 抓学生升学与就业服务项目

坚持以人民为中心的办学思想,关注毕业生的就业质量、生源质量、毕业10年后的校友发展水平。一手抓升学率,把考研、专升本等高质量就业作为人才培养的关键质量工程来抓,想方设法提高学生的升学率;一手抓就业率,提升学生的就业竞争力,促进学生就业创业。走近学生,营造环境,强化服务,促进学生升学、出国深造,不仅在点上培优,更在面上覆盖,让教师走进行业企业,让学生走出课堂、走进企业、走上工作岗位,经常性地对专业人才社会需求和毕业生质量进行跟踪调查。

7. 抓创新创业

在校生创新创业无所谓失败,无论失败或成功都有收获。不为输赢,只为认真活一回,旨在培养学生的创造力、创新意识和创业精神。陶行知提出培养学生创造力的"六解放"的路径——解放头脑,使之能思;解放双手,使之能干;解放眼睛,使之能看;解放嘴,使之能讲;解放空间,使之能接触大自然和社会;解放时间,使之能学习自己渴望的东西。这是陶行知的创造教育思想,其中最关键的是解放学生的空间和时间,让学生实现人、财、物、时、空、信等资源的共享。例如,解放学生的空间——产教融合、校企合作建学生创客空间、企业工作室、创客实验室。解放学生的时间需要将创新创业教育与专业教育相融合,将创新创业教育融入人才培养全过程,推进师生共创的工作制人才培养改革,鼓励教师带学生做项目,带项目进课堂,建立企业课堂,建立企业指导院长、企业导师制度、企业专业带头人制度。

8. 抓精英

每个学生都是宝藏。单论智商,本科生在同龄人中当属前面的20%。学校应根据二八定律,开辟人才培养特区。在这20%中再选拔20%,开展精英教育。设置考研班、创业班、双语班、日语班、卓越精英班、儒商班、辅修专业班,实施卓越人才培养计划,因材施教,为学生提供多样的、优质的教育服务,进行卓越人才培养和精英教育。

9. 抓大赛

以赛促教,以赛促学。试点学分银行,探索工作室制微学习制度,建立学分积累和转换制度,鼓励学生通过创新创业、科学研究、竞赛活动、发明专利等获取学分,搭建课程学习、技能大赛、创新创业、职业鉴定等立交桥。基于创新、创业、创客开展实训式人才培养实践,大刀阔斧地开展教学。聚力"互联网+"大学生创新创业大赛、电子商务三创赛、物流设计大赛、大学生程序设计大赛,积极尝试竞赛入教、以赛代考、以证代考,大胆建设社会实践"金课",提高学生的参与度,探索专业竞赛的项目制教学,并将竞赛成绩计入学生实践课程学分。鼓励学生开展科技创新活动,做好大学生创新创业训练计划项目申报检查和验收工作。鼓励学生发表论文和申请专利,增强学生的获得感、成就感。

10. 抓读书

得阅读者得教育。人的成就在8小时之外,围绕读书办教育。实施经典阅读计划,鼓励学生早读,教师上课列数目,作业布置读书任务,深入持续开展读书活动,购买、捐赠丰富的专业书籍,师生每学期要交读书报告,精读专业书籍并分享,建书香校园,鼓励学生多读书,培养儒魂商才,建设书香校园。

知行合一。"想"都是问题,而"做"才会有答案。现在就付诸行动,深挖特色、培育优势、打造品牌,在提高质量和扩充资源上下功夫,出标志性成果,力争在省内以及全国占有一席之地。谋大势,顾大局,做实事。高起点、高质量打造一流育人平台,致力于打造一流人才培养基地,努力建设一流专业建设点、一流课程,搭建一流的产教融合平台,建设一流的专业特色学院。以学生为中心,激情实干,通过成就学生来成就自己,竭尽全力为成效做功,为实现学生、教师、学院价值增值而奋斗。

第四节 "黄海"优质化发展的聚力点

民办高校想在与公办高校、同类院校的竞争中胜出,有必要学习毛泽东同志"反对平均分兵的战术,强调要集中优势兵力,各个击破"的军事思想,即"凡与顽正规军作战,每战必须以优势兵力加于敌人,其比例最好是四比一(四千人打一千人,四万人打一万人),至少是三比一,歼其一部,再打另一部,再打第三部,各个击破之。望以此教育干部,克服战役上及战斗上平均用力、普遍求胜之轻敌观念(此观念在许多干部中是存在的)"。集中优势兵力打歼灭战是人民战争战略战术最重要的原则。毛泽东强调在敌强我弱的条件下,必须采取集中精力、各个歼灭敌人的作战方法。遵守毛泽东集中优势兵力的竞争诀窍,坚持压强原则和大舰战略,集中优势兵力在某一点的突破上,将有限的资金集中用在点上突破。这个点在哪里?

一、集中力量凝聚"人才强校"活力

顶天立地撑起学校的是人,要知人善用,激发潜能,适性扬才,伴随着学校的发展,让教师不断有获得感、幸福感、归属感。教师不仅是个职业,还是一个有德的事业,教师有五个层次。最低层次是以教误人者,这种教师可恶可恨。苏霍姆林斯基说:"常常以教育上的巨大不幸和失败而告终的学校内许许多多的冲突,其根源在教师不善于与学生交往。"再上一层次是以教谋生者,为己谋生,为生计而工作。第三层次是当个教书匠,这需要工匠精神和教学技艺。由教书匠转变为教育研究者,成为"学者+良师",当个好教师,此为第四层次。最高层次是大先生,即"学为人师,行为世范"。优秀的教师让人充满希望,让人相信有一千个拥抱生活的理由。如何成为好教师?

首先,要热爱这个事业,愿付出、肯投入,教育教学成绩的取得不仅在于教师的水平,更与教师的辛勤付出成正比。

其次,要有梦想、志向和追求,心想事成是宇宙的法则,好教师是学校培养的,更是自我塑造的。

最后,要学习,有意识地学习和提高。学习本体性知识(学科专业知识)、条件性知识(教育科学知识)、实践性知识(课堂教学经验)、文化知识(文化背景知识),把课教好,在理论指导下形成自己的风格。教师要以学术为生存状态,学生最不喜欢不学无术的教师。教师要锁定自己的研究方向,专注重复,视工作、学习为一体,将教学与科研同步进行,实现自己的专业成长和团队进步。

学习教育理论不能眼睛只盯向西方,不能今天这个主义,明天那个效应,而要坚定道路自信、理论自信、制度自信、文化自信,学习我国自己的教育理论。梁启超说:"《学记》一篇,乃专标诲人之术,以告天下之为人师者。"《礼记·学记》中写道:"择师不可以不慎也。"不是什么样的人都可以做教师。《礼记·学记》中还写道:"记问之学,不足以为人师。"那么,什么样的人才有资格做教师呢?答案很简单,"能博喻,然后能为师"。"君子既知教之所由兴,又知教之所由废,然后可以为人师也。""善歌者,使人继其声;善教者,使人继其志。""知不足,然后能自反也;知困,然后能自强也。故曰:教学相长也。"教师是教学相长的事业,要经历自我成长的过程。教师要对学生有责任感、对课堂有敬畏感,做到心中有爱、目中有人、胸中有书,高质量绘就教育蓝图。

二、集中力量落实课比天大的理念

钱伟长说:"你不上课,就不是老师。"教师的主业是教学,教师的生命在课堂上。教师应坚持课比天大的理念,无论多忙都要坚持备课上课,都要研究业务。

学校不是企业,不生产产品。但如果把学校比喻为企业,那么其产品是什么?学生不是学校的产品,而是学校服务的客户,是学校存在的唯一理由。人才培养是学校的根本任务。学校的产品是课程。在高质量发展的今天,教师的主要任务是给学生提供优质的课程服务。

课程实施的主渠道是课堂,课堂是教师与学生心灵碰撞、思想交流的空间。课堂就是学校,提高教学质量就必须提高课程的课堂教学质量,提高课堂质量的关键是提高教师的教学水平。而讲课比赛是提高课堂教学质量的重要抓手,目的如下所述。

1. 以赛促教、以赛促学、以赛促改、以赛提质

通过一堂课撬动一门课,通过一门课改变一个人,通过一个人影响一群

人,通过一群人决定一个学校,从而产生连锁反应和蝴蝶效应。有人说,仅凭一堂课就对一位教师的课堂教学下结论,太武断、太片面,但管中可以窥豹、一叶可以知秋、偶然中有必然。

2. 践行森林效应

营造全员支持课堂教学、关心课堂教学、参与课堂教学、研究课堂教学的局面,营造课堂教学中比、学、赶、帮、超的浓郁氛围。特别是领导支持课堂教学和课程建设和全员潜心教学和投身课程建设。静态的课程是在动态的课堂上实施的。如果每一节课堂都是优质的,那么这门课注定是优质的。是否优质,关键在教师,课堂教学的主导是教师,学生学得好坏取决于教师的教学艺术和课堂驾驭能力。

3. 树立好教师、好课的典范和榜样

课堂教学是有规律的、有规范的,需要遵循课堂教学和学生学习规律,超越规范做示范,引导学生主动建构,教学生学。这不得不谈好课的标准是什么。好课是有生命、有特色、有成效的,对学生有效益、有发展的课。虽然教无定法,但贵在得法,适合的就是最好的,要适合学校实际,适合学科专业特点,适合教师的教学风格,适合学生的学习。教师应把课程内容讲对、讲清、讲好,讲出自己的特色、讲出自己的风格、讲出自己的品牌。不但"传道受业解惑",教学生知识,而且"授之以渔",教学生获取知识的学习方法,开阔学生的视野,开发学生的大脑,激发学生的热情。历练教师需要大舞台,成就教学需要大课堂。

4. 全校上下形成课比天大的教学理念,构建教学比赛的常态化机制

(1)落实课比天大的教学理念,就要坚持以学定教的基本原则

根据学情开展教学改革,恰当地确立教学目标要求,合理选择教学策略、方法,灵活调节教学内容和进程,使课堂教学成为学生自主探究和主动发展的过程。

(2)落实课比天大的教学理念,就要坚持教师第一的基本主张

讲课比赛不仅是教学技艺的切磋,更是新教学思想理念的汇聚,应以讲课比赛为契机,深化教学改革,不断提升教师的教学能力。

(3)落实课比天大的教学理念,就要抓好课堂教学的主渠道

深入推进课堂教学革命,将信息技术切实融入课堂教学,重塑课堂教学形态,打造高效课堂。

（4）落实课比天大的教学理念,就要强化课程建设

深化产教融合,校企共同开发课程、教学资源,建设一批精品在线开放课程、线上线下相结合的精品课程、线下精品课程、虚拟仿真精品课程和社会实践课程。建设有温度的思政"金课"、有底蕴的文化"金课"、有能力的专业实践"金课"、有激情的创新创业"金课"。

（5）落实课比天大的教学理念,就要强化实践教学

做好各类学科专业竞赛和证书鉴定,探索课岗对接、课证融合、课赛融通,鼓励学生深入实务工作第一线,强化实践实训实习,全面贯彻教育与生产劳动和社会实践相结合的教育方针,培养全面发展的人。

（6）落实课比天大的教学理念,就要强化各项教学保障服务

人、财、物和规章制度缺一不可,切实调动广大教师的积极性、主动性、创造性。

（7）落实课比天大的教学理念,就要落实到人才培养上

千教万教教人求真,千学万学学做真人。不管谁上课,上什么课,讲什么内容,有什么手段和方法,落脚点都在学生身上,都要靠学生的获得感来检验。教师应为学生成长成才服务,立德树人、教书育人,让学生价值增值,引导学生向真、向善、向美、向好、向上,做顶天立地、有益于社会的大写的人。

让课比天大成为每位师生员工的自觉行动。在学校,对师生而言,没有比上课更重要的事了。敬畏课堂、上好每一堂课、向课堂要质量是师生共同的价值追求,应成为每位师生的座右铭,镌刻在心底,时刻对照警醒,高悬规矩戒尺。教师应做到:课堂立规矩,教学抓规范,工作有秩序,学习有纪律,行为划红线。教师还应强调人才培养方案执行的严肃性,狠抓教学常规,规范日常教学秩序,强化课堂教学纪律。

课程是人才培养的核心要素,课程质量直接决定着人才的培养质量,课程质量的实现依赖课程在课堂教学的实施效果,课堂教学效果呈现程度离不开任课教师的精心设计,教师如何设计课堂取决于教师对待课程、课堂、学生的态度,取决于教师的教学精力投入、教学内容更新、教学方法创新。课比天大,把课上好是最大的师德;重视课程建设、重视课堂教学是教师工作的第一要义。教师应有自己的拿手好课,用心研发、创设课程,用生动的课堂谱写其人生华章。

教育因梦想而绚丽,课程因研发而卓越,课堂因设计而精彩。教学是教学生学,教是为了不教。好的课堂设计是师生互动、教学相长、共同建构、学习生

成的结果,师生共同开发教学方案,突显生命张力,有效满足师生个性发展需要。课程是图纸,教学是施工;课程是乐谱,教学是演奏。教无定法,不是没法,贵在得法,想要施好工、奏好乐,关键在人,主角是学生。魏书生说:"愤悱启发皆有道。我常想,上课时,只解放学生的耳朵,却堵住他们的嘴,捆住他们的手,由教师唱独角戏,实在是费力不讨好。尽可能多地让学生说,让学生读,让学生写,这样做,学生的兴趣比听老师的独角戏要浓得多。"① 可见,课程设计中必须根治只见知识不见人的毛病,务必坚持立德树人的根本任务,做到眼里有学生、心中有学生、行动中有学生,先学后教,以学定教,少教多学,授之以渔,因材施教,因为"生动",所以"生动",师生互动、生生互动,面向未来,培养担当民族复兴大任的时代新人。

三、集中力量严抓考务管理

考试是决定考生前途命运的大事,社会关注度极高。考试公平是第一要求,维护考试安全、确保考试公平正义是重要的政治职责。

考试是本,虽然监考是份"苦差事""危险活",但既然当了老师,监考就是本职工作,没有条件可讲。

考试无小事,成败在细节,要从细节入手,以高度的责任心规范施考,确保考务工作"零"误差,安全事故"零"发生,确保每一次考试万无一失,因为一失万无。

考试是起点,也是终点。办好考务是职责,办不好考务是事故,但办好一次考务的背后要付出诸多心血。

文明程度越高,纪律要求越严。务必严明学习纪律,严格考试管理,严格评分标准,严肃处理危机行为。"对人以诚,处事以信"是为人的基本原则。要求学生在日常学习、考试及撰写论文的过程中讲究诚信、严于自律。考试作弊、论文作假者,应给予其严厉的处罚。

考试关涉莘莘学子的前途命运,牵涉千家万户的切身利益,也关系着学校的办学声誉和国家教育的形象,在每次组考过程中,一个程序也不可缺,一条要求也不能少,纪律一刻也不能放松,不可有一丝一毫的大意,不得有一点一滴的疏忽,不能有一分一秒的懈怠,严字当头,严格要求,严密制度,严密组织,严肃纪律,严肃考纪,严明考风,从严治考。

---

① 魏书生. 教学工作漫谈[M]. 南京:译林出版社,2013.

考试安全警钟长鸣,考试差错防患未然。以问题为导向,强化管理,高标准、严要求、零容忍,守住安全底线,抓细、抓小、抓实,真真正正、切切实实把考试安全工作抓牢、抓实、抓到位。

为了考生、方便考生、服务考生,是考务工作的目的、意义和价值所在。要创造公心、公平、公正的考试环境,营造严肃、严格、严明,体现纪律,又不乏人情味的氛围;既要严格要求考生,又要关心爱护考生。

四、集中力量抓考研、促学风

考研是提升人才培养质量的重要途径,但不是唯一的途径。在"破五唯"的背景下谈升学率是不是不合时宜?"破唯升学"不是不要升学,而是要"破唯",这至少说明升学在评价学校办学中是一个重要的衡量指标。有的中学片面追求升学率,违背了教书育人的教育规律,不利于学生健康成长,成了顽瘴痼疾,务要破除。与中学生"减负"截然不同的是,大学生应该"增负",特别是民办高校的学生。很多民办高校的学生没有形成很好的自律习惯,没有升学压力,没有上进追求,想躺平。他们是否真正以学为业、潜心做学问是值得怀疑的。因为没了类似升学的硬性指标,有些教师自以为是地教学,产生了"水课""冰课""淼课"。"去'水课'、建'金课'"的口号喊得惊天动地,实际落地却收效甚微,原因是没有抓手,对于这类学校,抓考研是必要的,也是必须的。

抓升学率符不符合我国高等教育发展的趋势呢?不知何时,以就业为导向的职业教育纷纷转向升学,中职生直接就业成为个例,老百姓评价中职学校的标准从就业率转为升学率,而且以升本科为主。在高等教育普及化的今天,高职不断扩招,不仅面向在校生而且面向社会生。高职扩招之际,成人教育专升本的报名人数也在增加,说明原先专科毕业生走向社会会遇到本科以上学历文凭的职场门槛。各地教育无不大力支持引进高校、支持高职院校升格,各高校无不大力扩大研究生招生规模、减少本科招生规模。与此形成鲜明对照的是,即使放开三孩生育政策,少子化、老龄化仍不可忽视。一边是高等教育普及、教育层次不断上移,一边是学龄人口急剧减少,如此发展,也许用不了多久,专科学历、本科学历都将成为过渡学历,硕士研究生将成为多数人的最终学历。1999年高校大规模扩招,本科学历逐渐成为职场入门标配;2020年硕士研究生大规模扩招,硕士学位将成为职场入门标配。从趋势上看,升学是本科和专科毕业生的主要去向,这里探讨的是高质量升学的问题。

抓升学率的理论依据是什么?

1. 个体促进教育功能理论

教育对个体发展具有促进作用,能开发人的创造性,促进个体价值实现。教育不仅能使个体获得以"文凭"为形式的社会认同标签,还能使个体成才的社会成本最小化。通过教育对不同教育程度的社会成员进行社会地位、财富、权力、文化和职业的再分配,能促进社会中下层人打破原有的社会分层向上流动。今天,个人能否通过教育获得更多的社会资源,依然是社会分层的一个分水岭。美国社会学家索罗金在《社会流动》一书中指出:"学校是使人从社会底层向社会上层流动的电梯,学校通过考试来选拔,从而决定人们的社会地位。"

2. 二八法则下的期待效应

对本科生在同龄人中所占的比例、本科以上学历占全国人口的比例进行分析后,我们发现:截至目前,数据分析表明拥有本科以上学历者仍是少数,他们理应发展为社会的中坚、国家的栋梁。但民办本科学生常因自己高考失利而失去信心,更有甚者自暴自弃,迫切需要树立精英的意识,建立精英的思维,付出精英的行动,成为时代的精英。每个学生都是金子,有的一开始便闪闪发光,有的则是埋藏很深的金矿。是金子总会发光的。

3. 明知不可而为之

如果学生有很好的学习基础并具备考研的潜质、能力和水平,但学校没能提供很好的学习环境,没能给予学生适宜的学习指导和服务,便会误了学生的学习前途,罪莫大焉。教师应该把这类学生的潜能激发出来,这就是教育的本义。

如果学生的基础不好,但教师不抛弃、学生不放弃,二者积极作为,形成合力,学生最终考上了理想的学校,那么这便是人生最大的快乐。不管学生行不行,教师都应积极作为。这种"明知不可而为之"的精神,是不服从命运的抗争精神。我命由我不由天,不管是逆境还是顺境,相信自己能行且积极作为非常重要。

4. 场域理论

我们可以营造良好的学习氛围,鼓励学生考研,切实形成"黄海"博学、慎思、明辨、笃行的学风。通过引导学生明确学习目标、以升学为抓手形成学习上比、学、赶、帮、超的局面。学生刚上大一就应该树立考研的奋斗目标。有了明确的目标,学生就会自觉地向这个方向努力,就容易形成好的学风。学风正,学生的管理工作就比较好做,有助于形成良好的班风。教师在日常教学中,应以考研工作为教学的一个重要切入点,并在为各个专业学生服务的过程中形成良好的教风。

5. 机遇理论

《青岛黄海学院十大文化理念》中有机遇理念:看不到机遇是蠢人,抓不住机遇是庸人,错过机遇是罪人。《青岛黄海学院十大执行理念》有"三个什么事"的要求:什么时间干什么事,什么地方干什么事,干什么事就干好什么事。考研对学生来说就是人生的一大机遇,是具有长期性和全局性影响的要事。人这一辈子要经历很多事,但真正对人生产生全局和长期影响的要事不过 10 件,如中考、高考、专升本、考研、择校、结婚、工作。机遇来临时,我们准备好了吗?一步跟不上,将步步跟不上。教师要引导学生在正确的时间做对的事情。

6. 8 小时之外理论

人的成功取决于 8 小时之外理论和 1 万小时定律。学生在课堂之外投入精力最多的方面,往往能决定其日后的成长。有人对学生大学 4 年的生活算了一笔时间账:每天 24 小时,睡觉 8 小时,吃饭 3 小时,午休 1 小时,每天还有 12 小时;一年 365 天,扣除暑假 4 周、寒假 4 周、国家法定节假日 2 周共 70 天,还有 295 天;295 天/年×12 小时/天×4 年＝14 160 小时。一般来说,大学的教学计划规定课内约 2 500 学时,同时,需要课外 1:2 的配套,以完成相关作业等,也就是说,总共有 7 500 学时,而实际上能达到 7 000 学时者已经是非常刻苦的学生。如果学生有升学意向,把余下的大半时间主要用在学习上,考上理想大学读硕士是能实现的。

(1)考研工作的主要抓手是什么?

抓考研参考率是促进学风建设的重要途径。只有提高参考率,才能营造更好的学习氛围,形成为了新目标一起奋斗的"洪流"。

(2)抓学生深造从什么时间开始?

应该从大一就开始,大学期间不断线,但其过程不会一帆风顺,学生在大二可能遭遇低谷期,需要辅导员和学业导师及时引导,鼓励学生坚持不懈,最终取得胜利。如果学生在前三年没有考研的想法,大四甚至报名前才想考研,是否来得及?任何事情只要肯做并马上付诸行动,就不晚,最后一刻也可能创造奇迹。

（3）抓学生考研的对象是谁？

是夏考生源还是春考生源？专升本学生抓不抓？凡是有志向、有想法、愿付出者，都可以，万不可戴有色眼镜，要相信相信的力量。只要学生认为行，就要创造条件、提供服务、给予支持。

（4）谁来干这个活？

帮助学生深造，没有看客、没有观众，大家都是行动者。所有班主任、任课教师、工作人员应面向所有年级的学生进行服务，人人有责。

（5）做哪些工作，采取什么措施？

第一，要加强引导、营造氛围、树立自信、提高学生的精气神，可以通过誓师动员会、个别谈话等方式进行。第二，进行升学科目指导和学习方法指导，可以通过聘请培训专家和所考高校的专业教师予以专业辅导。第三，务必给考研和专升本的学生提供考研教室、考研宿舍等学习场所，制定晨读制度。第四，加强考研典型宣传和经验介绍，特别要做好志愿填报指导工作和调剂工作。

在不久的将来，也许再过5～10年，研究生学历、硕士学位将成为我国高等教育普及化时代的基础学历、学位要求。考研是一个人生涯中为数不多的一次改变命运的机会，其重要性不亚于高考。如果失意于高考，那么请不要错过考研。考研不是人生唯一的路，但是一条通往理想的光明大道，是人生最优路径之一。升学深造对增加就业机会、提升学历、增强能力、拓宽视野均有重要的作用。

五、集中力量抓充分就业服务

充分就业，就是想找工作的都有工作可干。找份工作并不难，难的是高质量就业。要想实现高质量就业，要从以下几个方面努力。

1. 有目标，明确工作目标

不在于强调就业率的高低，而在于对学生毕业去向的真实性把握，强调高质量就业和精准服务。高质量就业意在突出签约率、考研率、出国率、创业率、对口率、留青率、起薪等就业质量考核指标；精准服务意在落实每个学生的毕业去向，要求真实，就业信息造假一票否决。

2. 有感情，强化工作责任

毕业生就业创业工作者要以强烈的责任心和爱心，通过多种途径和毕业班学生交流、交心，解决学生的实际困难。要多关心未实习和就业的学生，并重点帮扶。全校一盘棋,多部门参与,多方面联动,形成全员抓就业、全程促就业的工作格局。

3. 有办法,落地工作安排

研究建立高质量就业考核评价体系,重点考虑考研、专升本、公务员和事业编考试、创业、出国深造、专业对口、起薪、稳定性、留青率、满意度、就业单位等指标。着力创造更多的高质量就业机会,着力支持创业带动就业,着力推动毕业生职业培训和出国深造,着力加强全方位就业服务,精准实施帮扶,走进学生心灵。

4. 有底线,依法规范就业工作

对开展校招的用人单位要严把资质关,确保招聘安全,维护学生的切身利益。要建立就业档案,在统计时要做好审核工作,确保就业数据真实准确。在校期间,学生的一声"老师"是一种职业称呼,毕业后的一声"老师"是教师莫大的荣耀。毕业季是学生最需要教师的时候。教师要把学生的就业创业工作放在心上、抓在手上、扛在肩上,一刻也不放松。就业是民生之本,更是民办高校安身立命之本,我们应集全校合力做好学生就业工作。

六、集中力量围绕读书办教育

学生时代,花季年龄,尽展青春之美。容颜可以随青春逝去,但最是书香能致远,读书涵养的气质可以伴随学生的一生。

一个人有两种长相。一种是物理长相,一种是精神长相。物理长相源于先天遗传,取决于父母;精神长相可以后天修行,取决于自己。

教育就是要培养读书学习的习惯。因为读书好,所以要读书,要读好书,培养好读书的习惯。教师要"好好学习",学生才能"天天向上",教师要常读书、多读书,终身学习,才有能力把新时代的大学生教好。教好学生的关键是教方法,最好的教法是以身立教。好书传承、共享书香、品味悠远就是最好的以身立教。

1. 为何读书

成功是基于机遇的,机遇只垂青有准备的人,秘诀就是读书。在当下全球融通、机会增多的学习型社会里,我们唯一的优势就是比竞争对手学得快、钻得深、研得精。我们要成为担当民族复兴大任的时代新人,一定要让阅读成为习惯,将读书融入日常。上学即为了读书,学生时代以读书为业。毕业后,工作生活中，无论多忙多累，学生都应坚持读书，让书香充盈人生。读书没有毕业季，只有进行时，以文化人是一生的事业。书不释手是个好习惯，与书相伴，学生将乐在其中，一生徜徉书中，悦心、养颜、阔野、开悟，以文化行，学以致用。

2. 读什么书

要超越作业、考试、升学之功利，读书实则为人生之乐趣。要超越个人兴趣喜好，追求高质量、有品位的阅读；要超越开卷有益的泛读境界，坚持自律与选择，抛弃没有营养价值的书籍。自律在于抵制快餐文化的诱惑，选择在于多读经典作品。当下快餐盛行、流行变换，我们浅尝辄止便好。我们可以用零星的时间浏览零散的豆腐块文章，但系统精读纸质长文是不可或缺的。我们要放下手机，离开网络，忘我、忘物、忘时，百分之百投入，系统地阅读纸质书籍。我们应有选择地读书，选择经过历史检验的经典书籍。事实证明，阅读经典是使人成长的捷径。

3. 如何读书

读书一定要战胜各种诱惑。五彩缤纷的网络虚拟世界会抢占读书时间。网络发达，信息充斥，诱惑太多，对静心读书是个考验。五色令人目盲；五音令人耳聋；五味令人口爽；驰骋畋猎，令人心发狂。

读书宜出声。校园里最美妙、最动听的声音便是琅琅读书声，学生读书的倩影是学校最美丽的风景线。胡适倡导的眼到、心到、口到、手到"四到"读书法较为科学。读书时，眼之所及心要及，使读书走心、静心、沉心，调动眼、心、口、手等器官的力量，将其聚集到书上，全身心进入书境，品味情感、得其精义非高声朗读不可。大声读过、背过之后再用笔入心写一遍，效果会更佳，这样做既能强化记忆，梳理内在的逻辑关系，又能练字，还能练心，更能总结提升，故古人有"抄读"之法。曾国藩将其毕生受用的读书法尽数教给儿子，即"读书的诀窍在于看、读、写、作四字紧密配合，每日不可缺一"。

书是空气，读书就是呼吸；书是进步的阶梯，读书是拾级而上的过程；读书是修身之道、治学之法，心在书中即为以文化人、安心养性之旅，人生旅程的紧要处就在学生时期的专职读书之幸福时刻。读书、学习是人生永不停息的修心工程，我们永远在路上。

七、集中力量发展体育运动

无运动，不"黄海"。活动是生命存在的方式，运动是生命最好的状态。再懒也要活动,再忙也要运动,运动贵在坚持,每天留点时间,放下手机,离开电脑,让我们动起来,活动筋骨、锻炼体魄、磨砺意志,享受运动生活的乐趣。

放眼历史,仁人志士发出"强国必先强种,强种必先强身"的最强音,奏响了体育强国梦。张伯苓说:"提到强便有一种联想,就是军队、军火等,其实不然,乃是关于我们个人身体的锻炼。"

锻炼是最好的心灵呵护方式,还是最好的保养品,运动的人更年轻。有人说:"每天锻炼 1 小时,健康工作 50 年,幸福生活一辈子。"大部分人深以为然,所以我们倡议:"我运动、我健康、我快乐、我阳光!"

2021 年 7 月 20 日,国际奥委会第 138 次全会正式通过,奥林匹克格言由"更快、更高、更强"升华为"更快、更高、更强、更团结"。可见,奥林匹克精神是向内的个体激发、内向的集体聚力,突出成员之间相互理解、友谊、团结和公平竞争,要求赛出风采、赛出风格。体育运动最可贵的不是战胜别人,而是超越自己,是永不服输、坚持到底的精神。运动员的品格高于比赛的胜负,精神风貌高于运动水平。学校体育不仅在技术之专长,尤在体德之兼进、体与育并重。体育之"体",为强身健体,以更健康的体魄发展自身;体育之"育",为立德育人,以更坚韧的胸怀担负重任。学校倡导运动之目的,不在少数选手,而在全体学生。"黄海"体魄,强国有我。"黄海"人要以实际行动传承"勇于超越自我、团结互助、永不言败"的体育精神,健康你我,快乐同行。

第八章 | 教学改革

第一节 教师听自己的课，学生讲给别人听

凡是能够发生学习的地方都是课堂，课堂不一定只在教室里，课堂是教师成长的阵地，人才培养质量提升关键在课堂上。2018年，教育部发布《关于加快建设高水平本科教育全面提高人才培养能力的意见》，提出："以学生发展为中心，应该推动课堂教学改革，通过教学改革促进学习革命。"2020年，中共中央、国务院印发《深化新时代教育评价改革总体方案》，提出："把认真履行教育教学职责作为评价教师的基本要求，引导教师上好每一节课、关爱每一个学生。"2022年，《山东省教育厅关于推动课堂教学改革全面提高普通本科高校人才培养质量的通知》中提出："紧紧抓住课堂教学主战场，优化教学内容，改革教学方法，打造'高阶学习'课堂。"

然而，一些应用型高校课堂教学仍以教师浅表性讲授为主，教师聚焦于对知识的简单讲述与传递，学生更多的是被动地学习知识，成为被动的"听课者"、冷漠的"旁观者"甚至是可有可无的"游离者"，阻碍了学生的长远发展，课堂教学改革、理念转型、培养学生自主学习能力刻不容缓。

在我国高校课堂教学改革中，有三种教学模式支持学生学习行为的变化：一是先学后教，当堂训练；二是翻转课堂；三是基于项目的学习。目前，青岛黄海学院正进行四个课堂建设：一是建设生动课堂，采用混合式教学、翻转课堂、任务型教学（Task-Based Learning, TBL）、基于问题的学习（Problem-Based Learning, PBL）等灵活先进的教学方法，进行启发式讲授、互动式交流、探究式

讨论,打造"高阶学习"课堂;二是建设智慧课堂,探索作业过程数字化、反馈学生即时化、学情分析智能化,利用信息化平台记录学生的学习经历、学业成果、活动参与、纪律遵守等全过程数据,开展教与学全过程数据分析应用;三是建设企业课堂,开展项目化教学改革,推进业界协同教学制度;四是建设双语课堂,推进人才培养国际化。我们的课堂教学到底该如何改革?

在一列开往北京方向的火车上,有一位农民父亲,他的女儿三年前考上了清华大学,儿子后来考上了北京大学。有人好奇地问他:"你的两个孩子都进了名牌大学,是不是有什么绝招呢?说出来我们听听呗。"农民父亲挠挠头,憨厚地说:"我这人没什么文化,也不懂什么绝招。只是觉得孩子上学花了那么多钱,不能白花了,就让孩子每天放学回家,把老师在学校讲的内容给我讲一遍,如果我有弄不懂的地方就问孩子,如果孩子也弄不懂,就让孩子第二天问老师。这样一来,花了一份钱,教了两个人。"

美国贝勒大学进行过一个实验,把60名大学生分为三组,研究人员在30分钟里给大学生播放40部影片的24秒剪辑。其中一组被要求在观看完剪辑后讲给别人听,一组通过研究人员提供的简短视觉线索来帮助回忆,一组什么都不做。研究人员分别在播放完剪辑7分钟和最多7天后让实验对象回忆。结果发现,把剪辑内容讲给别人听的那组大学生能回忆起来的信息最多。

"师生共成长"是课堂教学改革的逻辑起点,让学生增值、让教师增值是教学相长的追求。顾明远认为,教育改革在学校的关键落实点,是从教转变为学。所以,所有的课改都是在做——从教师如何教转向学生如何学,构建起一个以学习者为中心的课堂。帕克·帕尔默在《教学勇气:漫步教师心灵》一书中写道:"真正好的教学不能降低到技术层面,真正好的教学来自教师的自身认同和自身完整。"叶澜指出:"要从生命的高度、用动态生成的观点看课堂教学。课堂教学应被看作是师生人生中一段重要的生命经历,是他们生命的、有意义的构成部分,要把个体精神生命发展的主动权还给学生。"

1. 建构主义学习理论

皮亚杰认为学习是一种自我建构的过程。在"以学习为中心"的教学理念指导下,课堂上"学"的方式应当发生相应的转变,表达、探究、反思、建构、合作应当成为新的课堂学习行为。

2. 反思教学理论

杜威认为实行反省心灵的活动能让人们获得知识的深刻含义。反思性教学成为近些年欧美教育界备受重视的教学实践和促进教师专业发展的一种教师培养理论。美国心理学家波斯纳指出："没有反思的教学是狭隘的教学,没有反思的经验是狭隘的经验,至多只能是肤浅的知识。"反思性教学要求教师把教学过程作为学习教学的过程,只有从学生的学会学习的角度去思考学会教学,教师才能真正学会教学;而不断地学会教学,教师才能在不断变化的条件下有效地指导学生学会学习。

3. 大学质量文化建设理论

对于我国应用型高校的教育教学,我们需要客观分析教学实际现状,直接面对教学质量问题,寻找解决质量问题的钥匙。教学质量的任何第三方评价都是间接的,永远代替不了教师和学生的自我评价。从根本上说,要靠教师和学生的内生动力来保障教学过程中教与学的质量。激发教师和学生的内生动力依靠的不是"制度管人"和"人管人",而是"自己管自己"的质量文化。

4. 教学相长理论

《礼记•学记》中写道:"是故学然后知不足,教然后知困。知不足,然后能自反也;知困,然后能自强也。"

5. 费曼学习法

美国物理学家理查德•费曼发明了一种学习法,即对所学知识掌握程度的终极测试是传授给他人的能力,后以自己的名字为该法命名。费曼学习法隐含了思维隐性化和学习金字塔两种原理。

思维隐形化原理指学生脑中的思维与知识信息加工模型(这一模型由美国心理学家、计算机科学家赫尔伯特•西蒙等学者提出),一旦大脑获得的信息在工作记忆中被加工并成功编码后,信息就会进入长时记忆。无论教师开展多么有效的输入,由于其过程及结论很难完全由学习者自己大脑加工而得出,所以即使学生能听懂,最多只能在学习者的头脑中形成一个初步的图式(即对知识的存储结构)。学习者在运用这些初步的图式时,往往会出现需要时想不起、使用时说不清、常混淆犯错误等情况。也就是说,即使学习者能听懂教师的讲解,也不代表能掌握知识。那么,初步的图式如何才能巩固、强化,形成稳固的、可供学习者任意调用的图式呢?学习者想要教会或说服他人,就必须先说服自己。学习者应在说服自己的过程中思考知识的意义、知识之间的关系以及如何表述这种意义和关系的过程,从而使知识的理解得以深化。因此,语言式的输出也可以促进学习者对知识的深度理解。

美国国家训练实验室做过一个有关学习效果的研究,提出了"学习金字塔"模型,测算了采用不同方式学习两周后的信息留存率,并根据留存率,将学习分为主动学习和被动学习。留存率最高的学习方式是教授给他人。

一、教师应听自己的课,探索构建反思型教学模式(教师学会教学)

教师要通过教学反思解决教学惯性的问题。自省者自强,教师应持续听自己的课,教、学、思、改一体化,形成自省、自纠的机制和自觉、自律的行动,促进自身业务的提升,改变"岁岁年年书不变,年年岁岁课相同"的重复教学和套路教学。

教师讲给自己听是最好的教学方式。直面自我,听自己的课需要勇气。

(1)教师会听自己的课吗?听什么?怎么听?

听课堂语言、听课堂组织、听授课内容、听方式方法、听课堂驾驭能力、听学生反应与收获……对自己的课录音录像,认真观听、分析、评价、总结,并请人指教,听写结合,写得失与改进措施,找出与其他优质课之间的差距,发现自己的不足和问题,找到问题的根源。不断追问自己:我的课堂出现了什么问题?原因是什么?需要学习哪方面的理论来指导?如何改进?

(2)教师会持续听自己的课吗?

教师应定期(如每次课后、每学期后、每学年后、三年聘期后)进行教学反思,形成月反思、学期反思、年度反思、三年阶段反思等长效机制,形成教师不断自我听课、自我反思、持续改进、螺旋上升的闭环。

(3)教师改进自己课堂吗?

君子博学而日参省乎己,则知明而行无过矣。教师应建立"自我听课—反思成败—查找原因—寻求对策—加以改进"的机制,在教中学、在学中教,不断反思、实践、进步,日积月累,形成反思习惯,从而使教学内容和教学能力实现质的飞跃。

二、学生讲给别人听,探索构建自主型学习模式(学生学会学习)

通过"越讲越会"解决"越听越废"的问题。学生应以教为学,倒逼输出,主动学习,把学到的知识讲给别人听,把知识记忆变成经验记忆,完成"理解知识复述知识—讲给别人听—重复记忆"的升华过程。学生讲给别人听,在教会别人的过程中自己教懂了、弄会了、变强了,从而学会学习。

（1）学生敢讲吗？能讲出来吗？

学生能讲清楚的前提一定是掌握了、理解了并能用自己的语言表达了。无论讲什么、如何讲，只要学生敢讲、能讲，培养学生学习的目标就达到了。

（2）会讲吗？讲什么？如何讲？

学生说服自己的过程，就是思考知识的意义、知识之间的关系以及如何表述这种意义和关系的过程。经历这一过程后，学生对知识的理解自然会得到深化。

（3）每个学生都有机会讲给别人听吗？

创造一切条件，争取一切机会，完善制度环境，让学生当众讲；不能当众讲，就对合适的对象讲；不能对人讲，则可以利用空闲时间对空讲。教师应鼓励学生畅所欲言，答案不重要，重要的是学生能用自己的方式，以一种全新的感受，用自己的语言表达出来，让知识、能力、素质得到内化与升华。

"教师听自己的课、学生讲给别人听"是面向全体的、自觉的、得法的群体行为，能使教学质量文化建设从外部的、强制的、被动的作为上升为内生的、自觉的、主动追求的境界。我们应开创自觉、自省、自律、自查、自纠的大学质量文化建设新路径。教师听自己的课，进行教学反思并持续改进，便能走出一条自我专业发展之路，便能走出一条课堂质量持续提升之路。衡量一堂课好坏的标准，不仅要看教师教得怎么样，还要看学生学得怎么样。教师应鼓励学生讲给别人听，以培养学生的学习力、思维力、表达力、组织力、运用力、实践力。

第二节 "黄海"聚课发力

经过大讨论、大学习，课比天大的教学理念成为全体师生员工的共识，坚持以学生为中心的教育理念，树立教学质量生命线意识，牢牢抓住课程建设的"主战场"、课堂教学的"主渠道"、教师队伍的"主力军"、质量保障的"牛鼻子"，让学生忙起来、让教学活起来、让管理严起来、让效果实起来，切实提高人才培养质量。

一、坚持课比天大的教学理念，牢牢抓住课程建设的"主战场"

围绕高素质应用型人才培养目标，内化"金课"建设原则，结合学校红色文化、传统文化、工匠文化、创新文化"四文化"融合育人,构建校本特色的应用型"金课"体系。

1. 奏响红色旋律,打造思政和课程思政"金课"

学校获批山东省示范思想政治教学部,将雷锋纪念馆、新时代红色文化实践教育基地等红色文化资源融入课程教学,使思政课活起来;开发上线了雷锋的人生观修养、中国共产党人的精神、中国共产党党史、社会主义发展史等系列课程;用大思政课推进全校各专业教学改革创新,构建全课程育人格局,实现了课程思政全覆盖。

2. 弘扬中华文化,打造通识教育"金课"

学校面向全体学生开设中华优秀传统文化概论课程,开发并上线了《诗》语人生、汉字中国等通识教育选修课程,结合商科人才培养开发并上线了儒商之道、人文印记、礼遇未来等特色专业课程,艺术教育类专业结合青岛区域文化特色开发指尖上的非遗——中国传统手工艺鉴赏、"舞"彩华夏——中国民族民间舞赏析、用艺术讲述青岛故事——青岛剪纸、画说、艺术创想、带你看电影等系列课程,得到师生好评并辐射其他高校和社区。

3. 践行创新精神,打造专创融合"金课"

学校以新技术、新产业、新业态、新模式引领课程建设,将行业企业前沿成果、现实案例、企业项目等有机融入专业课程,将学科竞赛、大创训练项目、科研项目等融入课堂教学,在传授专业知识的过程中加强创新创业教育,建成"专创融合"系列在线课程。

4. 践行工匠精神,打造实践"金课"

学校建立了一支以齐鲁首席技师、青岛市劳动模范为代表的专业化教师队伍,组建黄大年式教师团队,搭建起"专业+产业+创业"融合、校企"双元"协同育人实践平台,与行业企业合作共建现代学院,开发一系列新课程,开办微专业;引进企业实践教学项目,合作编写课程实验指导书。

二、坚持课比天大的教学理念,牢牢抓住课堂教学的"主渠道"

把课上好是教师最大的师德。学校以生为本,出台了"一院一策""一专业一策""一课一策"的课堂教学改革实施方案,开展课堂教学质量提升行动,从更新课堂教学理念、优化课堂教学内容、改革课堂教学方式、改进学业评价方式、严格课堂教学管理等五个方面展开,努力实现教学模式从"以教为中心"向"以学为中心"转变,重点建设生动课堂、智慧课堂和企业课堂。

1. 建设生动课堂

因为"生动"所以"生动"。学校坚持以学定教的基本原则,以推动课堂教学革命为主线,着力打造互动生成型课堂教学范式,打破单一的课堂灌输式教学,采用混合式教学、翻转课堂、TBL、PBL 等灵活先进的教学方法,进行启发式讲授、互动式交流、探究式讨论,使课堂教学成为学生自主探究和主动发展的过程。学校根据具体教学内容灵活运用讲授、讨论、实验、案例、课题研究、读书交流等多种教学形式,将小班授课、分组学习、个别辅导相结合,打造高阶学习课堂。学校推进学分银行机制下微学习项目化教学,立足学生课程创新取得的相应成果、获得的奖励、引起的社会反响等进行课程考核、计算学分。

2. 建设智慧课堂

学校将信息技术融入课堂教学,重塑课堂教学形态;在山东省高校课程联盟、学银在线、智慧树等平台引课、建课,网络课程覆盖率达 100%,建沉浸式智慧教室、智慧化教学楼;实现师生 100% 利用网络空间开展信息化教与学;探索作业过程数字化、反馈学生即时化、学情分析智能化;利用信息化平台记录学生学习经历、学业成果、活动参与、纪律遵守等全过程数据。

3. 建设企业课堂

学校形成校企协同育人机制,实现了校企合作专业全覆盖,在各专业课程中开展协同式资源建设,进行项目化教学教学改革,建立了业界协同教学制度;引企入校,共建工作室、众创空间,共同开发教学资源;聘请企业指导院长、企业专业负责人,建立师生共创工作室、企生共创工作室、学生自创工作室,与企业建立了企业课堂,引入企业案例。

三、坚持课比天大的教学理念,牢牢抓住师资队伍的"主力军"

1. 实施教师素质提升工程

学校坚持师德师风的第一标准,完善师德师风评价机制;常态化实施行业企业优秀人才到校任职、专业教师到行业企业实践锻炼的"双百工程";建立"双师型"教师培养基地,每年开展"双师型"教师认定。

2. 实施教学能力提升工程

学校建立常态化教学比赛机制,开展教师全员课堂教学质量提升培训,促进教师课堂教学能力提升。

四、坚持课比天大的教学理念,牢牢抓住质量保障的"牛鼻子"

学校构建持续改进的教学质量闭环监控体系,开展"五个三"的全过程、全方位教学质量监控,实施"期初、期中、期末"三阶段教学检查,"试卷、课程设计、实验实践教学"三专项教学督查,"学生评教、督导评教、同行评价"三方面教师课堂教学评价,形成"学校—专业—课程"三层次教学质量评价体系,实现人才培养质量"面—线—点"三维度的评价与监控;健全了校院两级教学督导队伍,实现了授课教师听课全覆盖;健全了教学信息员队伍,发挥学生参与教学管理积极性和自我管理、自我监测的主体作用,让教与学形成有效互动;开展优秀教学设计评选,进行课程评估,强化结果应用,将质量文化和质量要求落实到教育教学各环节,内化为师生的共同价值追求和自觉行动。

第九章 | 教师发展

第一节　教师专业化发展的"四进"路径

为什么当教师？是因为爱，爱学生、爱学校、爱教师这份职业。怎样当个好教师？还是爱，爱心如子、爱岗敬业、爱校如家，忠诚并献身于人民的教育事业，做"四有"好教师。托尔斯泰说："如果一个教师把热爱事业与热爱学生结合起来，他就是一个完美的教师。"

我是谁？我是人民教师，是在民办高校任教的教师。民办高校是人民办的教育，是办学为民的教育，时刻牢记使命、不忘职责。为了谁？人民教育为人民服务，人民教师为学生工作，为党育人，为国育才，全心全意为学生服务。依靠谁？依靠学生，发动学生，从学生中来，到学生中去，人民教育人民办。

作为教育工作者，我们必须以自己的实际行动回答教育的三个根本问题：为谁培养人、培养什么人、怎样培养人。我们应以立德树人为根本任务，坚持课程思政与思政课程同向同行。教育必须为社会主义现代化建设服务、为人民服务，必须与生产劳动和社会实践相结合，培养德、智、体、美、劳全面发展的社会主义建设者和接班人。

一朝踏进校园，第一年如何起步？三年能否站稳讲台？五年能否成为骨干教师？十年能否脱颖而出，成为教学名师？这些是摆在我们每个人面前的现实问题。教师专业成长规律、路径是什么？一位好教师应该具备什么样的知识、素质和能力？笔者认为，在教育数字化转型背景下，教师进入智能化发展平台、进入自己的课堂、进入学生心灵、进入企业业务是新时代高校教师专业化发展的必由之路。

一、教师进入智能化发展平台,提升数字素养——智慧教育成就教师、发展学生

AI 时代,教师会不会被取代?教师如果干了 AI 的活,照本宣科地给学生复述知识,肯定会被取代;教师如果干了 AI 干不了的活,从事着独特、有温度、有引领性、有创造性、以文化人的工作,那么便不会被替代。教师是终身学习者,要引领学生发展就必须与社会和学生同步甚至超前发展。替代教师的不是AI,而是善用 AI 的人。

如今的社会已经进入信息化时代,学生成为信息化时代的"原住民",数字智能技术正在以不可逆转之势影响着教育领域的各个层面。教育数字化是我国开辟教育发展新赛道和塑造发展新优势的重要突破口,教育数字化转型给教师的信息化能力带来了巨大挑战。

作为终身学习者,新时代教师需要的不仅是信息技术应用能力,还包括数字素养的提升。数字素养和数字访问是 21 世纪生存的基本权利,更是教师应当具备的基本素养。教师的教育观念、专业知识与能力、思维与行为方式必须适应教育数字化转型的要求。

教育的数字化转型要求每位教师进入智能化发展平台,了解数字化工具,并将其应用到教学实践中;要求每位教师学习数字化教学方法,建设丰富优质的数字化资源库,设计数字化教案,制作数字化教材和课件等;要求每位教师建立终身学习、混合教学、智慧教研的数字化应用体系,参与信息化教学技术培训,确保时时会用。

二、教师进入自己的课堂,学会教学——教学反思与持续改进成就优秀教师

1. 重视自己的课堂是教师工作的第一要义

课堂是教与学发生的地方,是师生聚焦的核心,是师生交往的舞台,更是教师最为核心的成长阵地。站稳讲台、学会教学、提高课堂教学质量是教师业务成长的关键。教师如何看待课堂、如何践行课堂教学是衡量教师师德的落脚点。课堂生态如何、课堂效果怎样不仅关涉教师能力问题,还关涉教师师德问题。关注课堂、敬畏课堂、把课上好是最大的师德。教师必须始终坚持课比天大的教学理念,树立教学质量生命线意识,牢牢抓住课堂"主阵地"、课堂教学"主渠道"。站稳讲台、重视课堂、研究课堂、提高课堂教学质量是教师业务成长的

关键。

2. 反思自己的课堂

成长＝经验＋反思。叶澜说:"一个教师写一辈子教案不一定成为名师,如果一个教师写三年反思可能成为名师。"美国心理学家波斯纳指出:"没有反思的教学是狭隘的教学。"教育反思是提升教师专业水平的法宝,是教师专业发展和自我成长的核心因素。教师应通过反思不断更新教育观念、改善教学行为、提升教学水平,使自己真正成为教学和研究的主人,实现专业发展。

3. 改进自己的课堂

杜威强调,教师要反思自己的教学实践,将自己的观察整合进教育理论并实现教育理论的更新与重建。教师应以自己的课堂为观察、分析、思考、研究的对象,形成"听课—反思—改进—实践—听课—反思—改进"闭环,建立自我听课、自我反思、持续改进、教学实践的教师专业化发展路径,实现教师的专业发展与学生成长融为一体,将日常教育与研究融合起来,形成"一师一优课""一课一名师"的良好局面。

三、教师进入学生心灵,教师学会育人——学生成就教师

习近平总书记指出:"一个人遇到好老师是人生的幸运,一个学校拥有好老师是学校的光荣,一个民族源源不断涌现出一批又一批好老师则是民族的希望。"习近平总书记给出了"四有"好教师的答案,做学生锤炼品格的引路人、学习知识的引路人、创新思维的引路人、奉献祖国的引路人。

好教师是"经师＋人师""学者＋良师"的统一体,是学生为学、为事、为人的先生,是学生的良师益友,是学生成长的引领者、服务者,保护和扶助学生是其天职所在,立德树人、教书育人是其根本任务。优秀的教师让人充满希望,让人有一千个拥抱生活的理由。

每位教师都要读懂学生、了解学生。只有读懂学生,教育才能走进学生的心灵;只有读懂学生,教师才能与学生精神共振。学生是独特的人、发展的人,是学习的主体。教师要尊重学习成绩暂时落后的学生,尊重还不理解自己的学生,走近学生,尊重学生,平等对待,真诚相处。教育意味着一个灵魂唤醒另一灵魂。教师要以人格魅力和才情学识教育、感染学生,真正担当起学生的学业导师、心灵导师、人生导师。

教师应坚持长善救失的教学原则,变学业导师为学生的人生导师,"一个

人教一个人",对学生"一人一规划",了解学生的需求、性格、特长,因地制宜地给予学生充分的自由与空间,通过学分制对每个独特的个体因材施教,让每一个学生拥有未来胜任力。教师应搭建"一生一舞台",突破第一课堂与第二课堂、线上与线下、学校与企业的界限和学科专业壁垒,努力实现"一生一课表""一生一特长"。

教师应由以教定学向以学定教范式转变,创设探究式合作学习的生动课堂。因为"生动"所以"生动","生不动"所以"不生动"。坚持教师启动、师生互动、学生主动,创设师生之间、学生之间相互沟通、切磋、探讨和共同提高的机会,达到共同交流、共同探讨、共同学习、共同成长、共同进步的目的,建立教学相长、师生互动、个性发展的师生共同成长路径。

四、教师进入企业业务,教师学会技能——实践成就"双师型"教师

树立开放协同、跨界融合、共建共享的发展理念,坚持产教融合、校企合作、知行合一的发展路径,教师自觉走向行业、走进企业、躬身实践,推进专业群与地方产业链对接、课程群和行业主流岗位群对接、课程内容与企业项目对接,实现课程与企业的融合("一课一企业")、师生与项目的融合("一人一项目"),建立项目教学、实践锻炼、双师双能教师职业素养提升路径。

"一课一企业":本着企业就近、专业对口、员工标准、动手实践的原则,每一门专业课程的任课教师都要入企跟岗学习,开展企业化课程建设,实现课程资源校企共建;组织学生开展课程实践,学生每上一门专业课程,都要去相关的企业或实践基地研习、实习、实训。

"一人一项目":通过专业课程与企业项目的深度融合建立足够的项目库,每位教师应根据自己的兴趣特长,主动对接企业,承接实际的企业项目,将企业项目引入教师教学技能竞赛项目、学生学科竞赛活动中;每个学生应根据自己的兴趣特长和爱好,主动对接企业项目,在校期间每个学生都能拥有一个企业项目进行专业实践。通过"一人一项目"实现学习和工作、作业和产品、素质养成和职业素养的"三合一",改变课程教学学术化、理论化倾向,强化教育的职业性、实践性。

第二节 如何成为好教师

教师不仅是个谋生的职业,更是个良心活,是个有德的事业,需要遵循王阳明"致良知"的思想在"黄海"干点事、创点业。

教师有五种境界。第一种是以教误人者,可恶可恨!乌申斯基说:"教师个人对学生心灵的影响所产生的力量,无论什么样的教科书,无论什么样的思潮,无论什么样的奖惩制度都是代替不了的。"苏霍姆林斯基说:"我坚信,常常以教育上的巨大不幸和失败而告终的学校内许许多多的冲突,其根源在于教师不善于与学生交往。"

第二种是以教谋生者,通过为群众服务来为己谋生。第三种是当个教书匠,这需要工匠精神和教学技艺。成为学者和良师,当个好教师,这是第四种。第五种也是最高层次的即大先生,学为人师,行为世范。好教师的标准是什么?习近平总书记强调,要加强师德师风建设,坚持"四个统一"——教书与育人相统一、言传与身教相统一、潜心问道与关注社会相统一、学术自由与学术规范相统一,引导广大教师以德立身、以德立学、以德施教、以德育德,做学生锤炼品格的引路人,做学生学习知识的引路人,做学生创新思维的引路人,做学生奉献祖国的引路人,争做"四有"好教师——有理想信念、有道德情操、有仁爱之心、有扎实学识。一个学生遇到好教师是其人生的幸运,一所学校拥有好教师是其光荣,一个民族源源不断地涌现出一批又一批好教师则是民族的希望。

如何成为好教师?

第一,要爱——热爱这个事业,全身心地投入和付出,教育教学成绩的取得不仅在于教师的水平,更与教师挥洒的辛勤汗水成正比。如果一位教师把热爱事业与热爱学生结合起来,他就是完美的教师。

第二,要有梦想、志向和追求,心想事成是宇宙的法则,好教师是学校培养的,更是自我塑造的。

第三,要学——学习,教师"好好学习",学生"天天向上"。想成为好教师,要在理论指导下进行教学实践,学习教育理论不能眼睛只盯向西方,而要坚定中国特色社会主义道路自信、理论自信、制度自信和文化自信,学习中国自己的教育理论。教师是个教学相长的事业,是实现自我成长的过程——一年起步,三年站稳讲台,五年成为骨干教师,十年成为教学名师。

第四,要练——事上练。教师应具备本体性知识(学科专业知识)、条件性知识(教育科学知识)、实践性知识(课堂教学经验)、文化知识(文化背景知识),坚持课比天大的教学理念,把课上好,不拘一格,高标准要求自己并突破自己,形成自己的风格,教、学、做合一。习近平总书记说:"扎实的知识功底、过硬的教学能力、勤勉的教学态度、科学的教学方法是老师的基本素质,其中知识是根本基础。"

第五,要研——搞科研。不上课就不是教师,不搞科研就不是好教师,教师要以学术为生存状态,锁定自己的研究方向,专注重复,工作学习一体,教学科研同步,实现自己的专业成长和团队进步。

教师要对学生有责任感,对课堂有敬畏感,立德树人,教书育人,做到心中有爱、目中有人、胸中有书,高质量绘就教育蓝图。

第十章 他山之石

第一节 塑造变革的基因,激发变革的动力

我们对在 2009 年开展的"西浦"[①] 学习活动进行复盘,管理者有必要发挥学习桥梁的作用,有责任带领团队实现学习工作化、工作学习化。我们不禁问自己:在"西浦"听到、看到了什么? 想起了什么? 变成了什么? 用到哪里?

《寤言二•迁都建藩议》中载有:"不谋全局者,不足以谋一域;不谋大势者,不足以谋一时。"

在创新创业、高质量发展的时代,教育受冲击程度如何,真的面临着雪崩的威胁吗? 在这样的环境下,我们必须思考倒下、站立和未来的问题。鸡蛋从外面打破是食物,从里面打破是生命,是成长。成长是否定之否定的过程,被别人革命抑或自我革命是发展的路径选择。新时代的社会要求教育高质量发展,呼唤教育回归,呼吁课堂革命。在移动互联的"智能+"背景下,教育行业已成为地震带,发展机会窗口期在缩短,变革的脚步在加快。如何让一块石头飞起来? 速度! 我们将致力于加快速度,这个速度是改变的速度,是向未来进军的速度。变革的时代如何激发团队变革的动力,是刺激,是头脑风暴,是营造知行合一的场域。知行之间,一般认为知易行难,但实际上有时是知难行易。

---

① 西交利物浦大学简称"西浦"。

151

一、"知之道"的四个共识

这四个共识包括优质教育、自我革命、学生体验、赋能授权。

1. 质量立校，坚定走优质教育的发展之路

我们需要增强战略思维和国际视野，不断提升驾驭不确定性发展的能力。

面向世界，"黄海"是青岛的，也是世界的。可不可以在全球化市场里用国际标准来检验学校的办学质量？推进国际实质等效的专业认证是一个很好的契机与抓手，我们应以国际范式促进教育变革和质量提升。

面向未来，培养未来社会需要的人。在智能化快速发展、新旧动能转换的背景下，毕业十年后的校友会不会失业？那时我们招收的是什么样的生源？学校的声誉与育人质量如何？优质的教育离我们有多远？

学校之间的竞争是优质教育之间的竞争。随着物质的丰富，优质的教育需求与日俱增，新时代父母早已不满足孩子"有学上"，迫切要求"上好学"。

学校想要持续健康发展，就必须办优质的教育，为学生提供优质的物理环境、教育资源和教育服务。没有门槛，没有标准，没有选拔，人人毕业，宽进宽出，何谈质量？现在的教育基本做到了有教无类，关键是因材施教，分类培养，使每个学生都能实现梦想，都能获得人生出彩的机会。

2. 革故鼎新、自我突破，走出对过往成功路径的依赖

持续成功=战略×组织能力。优质教育的战略确定以后，需要进行流程再造，进行组织能力建设。组织能力就是团队发挥出来的战斗力，核心是人的问题。学校组织能力落地需要从人海战术向精兵强将转变，从外在驱动向自我驱动转变。我们最大的敌人是我们自己。学校一路走来，风雨兼程，基本是在改革开放的风口顺势而为，但持续飞翔需要有强壮的翅膀，沉浸在曾经的风光里会让我们失去方向，过往成功的路径不一定适合今天，封闭的思维会让我们困在原先的模式里。需要走出来，走上去，自我否定，自我革新，突破思维定式，主动拥抱变化。从"欧亚"[①]到"西浦"，学习归来推进改革遇到的障碍之一是我们自己的维持思维、逆反心理——原先的惰性、经验和习以为常的做法，从来不怀疑事情本身对于人才培养的意义与价值。稻盛和夫提出了人生方程式：人生、事业的成果=思考方式×热情×能力。能力和热情从 0 分到 100 分赋分，而思

---

① 西安欧亚学院简称"欧亚"。

考方式可以从−100分到100分赋分。消极的思考方式会让我们的工作走向相反的方向。怎么办？管理学很重要的原则是二八法则，即关键少数法则，发现关键少数，聚焦关键少数，抓住关键少数，要事第一，不争论，先行先试，善作善成，干出样子来。

3. 回归教育本质，让学生享有高质量的价值体验

教育的本质是激发学生成为最好的自己。教育教学不等于教知识，当然这里没有否定知识学习的重要性。在学习泛在化的今天，大学存在的价值是什么？没有交互与互动的单向教知识对信息时代天然具有搜索学习能力的学生有多大的吸引力？

上大学不等于上课。已有研究证明，学生在传统课堂上的思维最不活跃。学时不等于课时，"西浦"5学分，换算为150学时后，课内外分配让人深省。大学里隐性课程的价值不亚于显性课程，非正式学习比正式学习还重要。

教育是培养人的。"西浦"以学生和学习为中心，以学生兴趣为导向，服务学生成长成才，倡导研究导向型教育，培养专业精英。学生改变学习行为，教师改变教学方式，学校构筑资源环境和支撑体系，放手让学生开展体验式学习。问号决定一切，教师应基于现实中要解决的实际问题，以问题为导向，在学校搭建的舞台上，引导学生向未知的领域进发，放手让学生自己去做。教、学、做一体是最好的培养。让学生有获得感，让教师有成就感。

密涅瓦大学全球沉浸式学习体验和独特的课程体系使我看到一个、两个、三个密涅瓦大学扑面而来。改革时不我待，这是活着与毁灭的问题。"黄海""西浦"都要遵循一致的人才成长规律、高等教育规律。未来民办高等教育发展的趋势，不是照搬照抄，而是采取拿来主义，走"黄海"特色办学之路。改革不是培训出来的，是干出来。"想"都是问题，而"做"才会有答案。我们应该现在就付诸行动，办受人尊重的大学，不负青春、不辱使命。

4. 激活赋能，组建"特种部队"，先把一群人带到自认为去不了的地方

相信相信的力量。相信才能放手，放手就是赋能，赋能才能激活。学校领导要相信二级单位能行、教师能行、学生能行。力的作用是相互的，学生如何对待我们，取决于我们如何对待学生。成就一个人，就给他自信；摧毁一个人，就让他失去自信。我们需要由指令与管理变为教练与赋能，由管理、控制、要求变为服务、支持、协同，切实构建命运共同体，培养学生的创造力。

陶行知在认为，教师的成功是创造出值得自己崇拜的人。先生之最大的快

乐,是创造出值得自己崇拜的学生。人生最大的快乐,莫过于做到别人认为你做不到的事。学校应该划出人才培养改革示范区,先把一群人带到自认为去不了的地方,搭建创客平台,组建机动灵活的"特种部队",建设"黄海"梦之队。

二、"行之道"的四个层面

这四个层面是指学校层面、学院层面、专业层面和课程层面。

1. 学校层面——愿景、使命、价值观,激发对浩瀚汪洋的渴望

如果你想造一艘船,先不要雇人去收集木头,也不要分配任何任务,而是激发他们对浩瀚汪洋的渴望。青岛黄海学院可以通过愿景、使命、价值观和成就感来构筑一座山巅之城,汇集一片汪洋之海,为组织嵌入梦想,让师生员工有追求,有价值,有更有趣的工作、学习和生活。处在开放、现代、活力、时尚之都的青岛,置身于面朝大海、春暖花开的地域环境中;与之匹配,办优质的教育、培养优秀的人才、实现学校的高质量发展、为人类和社会发展贡献力量是我们的使命。为了实现"十年树木、百年树人、千年树校"的办学愿景,我们要放弃低端、低质、低效的教育,向高端、优质、高效的教育进军,放弃短期的经济效益,树立"百年黄海"的战略思维,以海纳百川的胸怀、拥海奔流的气魄,让"责任、荣誉、国家"意识内化于心、外化于行。我们应为责任而战,为荣誉而战,为梦想而战,办有尊严、有质量的高等教育,给学生提供高质量的价值体验,为学生成长成才赋能,办受人尊敬的大学。

2. 学院层面——融合创变,进行融合式教育创新实践

"欧亚",是学校又不像学校,像企业又不是企业,是企业与学校的混搭与融合;"西浦",有着是中国教育又不太像中国的教育,像英国教育的教育又不是英国教育,是中西合璧、东西方的杂糅。在这里真切感受到教育是面向世界的,外语是刚性需求,应培养具有国际视野的人才。"西浦"把美国教育的灵活性、英国教育的质量保证体系和中国教育的重基础融合起来,适应国际化的趋势和未来的需求,培养国际公民。据了解,"西浦"融合式教育在未来会有三种方式运行:一是工业企业定制化教育;二是在条件成熟时建立"西浦"创业家学院;三是与地方政府和企业合作,营造利于融合型精英培养的创新与创业社区。

组合作用似乎是创造性思维的本质,创造力就是整合事物的能力。融合是不是我们的发展之路?没有新的成分,只有新的组合,组合、整合、混合、融合,三生万物正反合,合是我们创新的关键字。我们应破除领域思维壁垒,开启混

搭模式,使学科专业交叉融合、产教融合,使专创融合、线上线下混合,教学上应做到理实结合,将人才培养、科学研究、社会服务融合发展,将课内教学与课外活动融合,将显性课程与隐性课程相结合,将中国特色、中华文化与国际标准融合,使德育内容与学科专业课融合渗透、科学技术与人文精神融合、专业教育与通识教育融合、德智体美劳五育融合……在融合上做文章。我们不能只跟"西浦"学做研究导向式教学,还要学习并超越其行业精英培养路径——学、产、研、训、创融合式教育改革。

3. 专业层面——推进国际实质等效的专业认证

"黄海"有必要适当放手,在某些方面、某种程度上放手二级学院、放手教师、放手学生,让其长大,自己对自己负责;还要有抓手,其重要的抓手就是专业认证,西交利物浦大学化学系应用化学专业获得英国皇家化学学会认证,西浦国际商学院获国际商学院学会和欧洲管理发展基金会两项精英认证。专业认证,不搞行不行?"学校式微,专业为王"应该成为高等教育改革的方向;"学校带着专业跑"的时代即将成为过去,"专业扛着学校跑"的新局面悄然而至。专业认证正在成为大学办学新的规则。

以学生为中心、产出导向、持续改进的成果导向教育理念是改革的趋势,通过专业认证将人才培养模式改革、课程体系改革、教学模式改革、考核方式改革等零散改革系统串起来,起到纲举目张的功效,通过专业认证将学校各种资源和积极性有效地调动起来,促进人的行为改变,倒逼换道超车,建设一流专业。

4. 课程层面——授权赋能,着力建设课程组和项目组

学校的基本单位是什么?教育的基本组织单位是什么?新时代,"黄海"的组织模式应往哪个方向变化?以课程为单元建立课程组、以项目为单位建立项目组,是不是学校赋能授权的方向?让听得见炮声的人呼唤炮火,学校应授权给一线,激发一线教师进行教学科研的积极性。

时代变了,教育变了,学生变了。教学变了吗?教师变了吗?学校变了吗?我们真正的困难是学生变了,但学校和教师没有变。任何组织和个人在达到某个临界点时都需要自我更新。自我更新的关键是抛弃"不做冒险、不尝试突破、按部就班"的维持性思维,建立成长型思维,舍得把自己的经验和习惯放下,不断尝试新的内容,进行教育质量革命,努力使学校由低分数、大规模向专业化、高质量发展,塑造"黄海"优质的教育品牌。

第二节 守正出奇,改革创新

"欧亚"昨日面临的种种问题和困惑与今日之"黄海"所遇到的何其像,而我们有幸看到明日之"黄海"——今日"欧亚"的部分场景,顿感未来已来、巨变将至。奋起直追、换道超车是我们唯一的选择,勇于超越这所标杆学校会是"黄海"一段时间内的重大决策。如何在学校战略转型、高速转弯时期,助力加速并顺利搭乘高速运行列车而不是掣肘前行或被甩出车外,是我们每个人不得不考虑的现实问题。

由此,"黄海"应坚持与时俱进,审时度势,做好顶层设计,吸纳一切养分和能量,紧紧抓住创新发展与高质量发展的良好契机,在守正出奇上下功夫,以机制体制的变革实现新的跨越。

第三节 守正之道

一、不忘初心、牢记使命

教育部原部长陈宝生认为,高等教育要做到四个回归。一是回归常识。教育的常识就是读书,要围绕读书来办教育。二是回归本分,教书育人。三是回归初心,培养人才。四是回归梦想,报国强国。以前我觉得这是口号,感觉对却不知如何做。走进'欧亚',发现可以将育人育才的初心体现在以学生为中心的理念上,将以学生为中心落实到学校角角落落的学生体验上——为师生提供高品质环境体验、学习体验、生活体验,名曰'新体验',用心打造'欧亚'之美好。"

"因材施教""有教无类""幼吾幼以及人之幼"均从学校和师者的角度出发,体现了"黄海"之意志。学校是培养人才之地,最终落脚到学生身上,所以学生是教育的起源与归宿。换位思考,站在学生的视角,如果我是学校的一名学生,在学校的体验如何呢?

多年前,我们常常会问:"学生有没有在大学的感觉(即温馨的感觉、收获的感觉)?"文化是一种不约而同的行为,办学就是办文化。这种学校文化是每个置身其中的人一生都难以忘掉的行为习惯和体验感觉。

渠道为王、产品为王的时代已经过去,社会进入了以消费者为核心的体验时代。假如我是一名教育消费者——学生,以在"欧亚"一天的生活为例,我的体验和感觉如何呢?

早上没有整齐划一的跑操。社团晨读、自由晨练成为一道风景线。不得不谈一谈这里的体育课程教学改革。每学期体育课程成绩 100 分,其中,出勤考核占 20%,身体素质考核占 40%,俱乐部考核占 40%。身体素质考核 40 分是由 15 分钟晨练和 25 分钟自由锻炼组成的,一学期晨练 30 次,每次晨练不少于 3 000 米,总分 15 分;自由锻炼 6 000 米兑换 1 分,满分 25 分。

这是师生发自内心拥护的一项改革。9:00 到 21:00 排课,周六也有课,两节连排,解决了教师接送学生、兼职教师上课等问题。

学习空间再造,学习方式变革。课堂多是小班,大都分组而坐,可利用网络实时监控和录播。从一名学生的课表看,第七周是 16 节课,第八周是 22 节课;一名会计班学生第七周有 12 节课。

下午尤其是晚上,校园特别热闹,有跳舞、轮滑、排练、社区活动、社团活动等,学生还可在图书馆待到 22:00。偌大个图书馆不见几个工作人员,倒是有不少学生在勤工助学。"欧亚"四季有活动,如春季——运动"欧亚"体育节、夏季——竞技"欧亚"专业技能节、秋季——和谐"欧亚"新生节、冬季——人文"欧亚"文化艺术节。我们去的时候恰逢"欧亚"的春季运动节前夕,运动会是学生通过招标获得筹办权的。体育场上学生为运动会的排练好不热闹。

"欧亚"开展了以学生为中心的事务改革。学生工作主要在社区、客厅、宿舍和社团,学生的生活轨迹通过一卡通等信息化手段全部被记录下来。社区客厅服务、社团活动多采取有偿形式,由学生团队提供和开展。如果学生晚上回来晚了,可通过服务门铃来呼叫宿舍楼的生活管家。这里以客户为导向,通过设立教学管家、生活管家、公共服务管家为师生提供一站式服务。

滋润心灵的教育永远是人才培养的捷径。学校应打破整齐划一的工业化教育形态,创造符合学生需求的个性化教育,践行陶行知的"六解放",强化学生新体验。假如"黄海"和"欧亚"在三年级分别将自己学校的 10 名本科生送到对方学校进行为期一年的交流游学,那么一年后这 20 名学生的体验感想会如何?"黄海"和"欧亚"目前不在一个量级,没有可比性,但在生源大战的战场上,"欧亚"确确实实是"黄海"的竞争对手,考生在比较、在选择,毕业后学生也会在职场上竞争。不同感受的学生口耳相传,决定着学校的口碑和发展命运。

所以,"黄海"应从学校本位向学生本位转型,以学习者为中心提供优质的教育服务,切切实实地提升学生的幸福感、认同感、归属感。不是转不转的问题,而是如何转的问题,是时间表和路线图的问题,是如何落地实施、持续改进的问题。

二、有梦想,有追求

党的十八大以来,习近平总书记提出"实现中华民族伟大复兴的中国梦",确立了"两个一百年"的奋斗目标,中国特色社会主义进入新时代。

1. 道的层面

"黄海"的使命是什么?为什么而存在?愿景是什么?"黄海"想成为什么样的学校?社会主义核心价值观是什么?"黄海"认为什么最重要?

"欧亚"战略规划之道:

使命——为学生提供高质量的教育服务;

愿景——成为中国最受尊重的私立大学;

社会主义核心价值观——责任、创新、伙伴、有用;

秉承以学生为中心的质量观,关注并满足关键利益相关者的需要。

"欧亚"的校训——和而不同。

2. 法的层面

明确学校的战略定位、战略目标与衡量指标。

"欧亚"战略规划之法:

战略总体目标——成为中国一流的应用型本科院校,2018年开始建设创新型大学;

三大战略——质量(国际化、应用型、新体验)、经营、声望;

两大支撑——组织建设与管理体制、信息化。

3. 术的层面

制订战略行动方案和具体实施计划,明确"黄海"需要做什么和具体行动安排。

4. 器的层面

条件、环境和技术支持。

回归大学之道的发展道路是什么？"欧亚"自己总结道："没有刻意去追求'建设一流大学'，始终关注的是人，是师生的学习体验和生活感受，其实当'欧亚'的使命——为学生提供高质量教育服务真正得以实现时，所谓的一流大学的声望也将不期而至。"

知道前进的路，全世界都为之让路、铺路。"黄海"是海，海纳百川，有容乃大，取则行远。希望"黄海"的学子能够起航"黄海"，扬帆天下。"黄海"应该追求国内、同类一流，成为最好的民办本科教育提供者，成为一流的创新性、应用型民办本科高校，也应成为受人尊重的民办高校。"黄海"的使命是融入青岛，拥抱大海，以优质的教育服务培养人才。建校以来，"黄海"人始终在追求的价值观：爱国敬业、德高艺精；2011 年以来，"黄海"一直坚持质量立校、特色兴校、人才强校、开放办校的发展战略，逐步进行学校组织制度、服务经营、信息化建设。今后，"黄海"发展的关键是达成共识，知行合一，把战略融入工作，把规划落实、落细、落小。

三、学习、变革与质量

21 世纪唯一不变的就是变化。《礼记·大学》中写道："苟日新，日日新，又日新。"世易时移，变法宜矣。面对新形势、新任务，西安各民办高校都踏上了二次创业的征程，不断地改革和创新，为加强内涵、树立特色与品牌深耕细作。"黄海"应该认识到，"欧亚"加强了干部的培训学习，先后到我国台湾、香港，并赴新加坡和美国学习深造，全校上下达成改革的共识。"欧亚"选拔参加过高级管理人员工商管理硕士和工商管理硕士的年轻干部担当重任，培养其战略思维能力和学习研究能力，赋予每个部门研究发展的职能，于是产生了教师发展中心、学生发展处、科研发展处、教研发展中心等单位，并通过发展的眼光、研究性工作、反思复盘的能力不断推动组织建设和各项工作的变革，塑造精品，提高质量，不断追求卓越。教育主管部门评估要求的最低标准是底线，"欧亚"追求的是超越规范做示范，领跑发展，培育一种注重自我持续改进、质量至上、战略思考、目标协同和追求卓越的质量文化。"欧亚"注重品牌建设和社会声誉，通过品牌传播部和招生就业处的工作便可感知。以上做法很值得"黄海"深入学习和借鉴，并锚定高质量发展，在变革中求突破。

第四节　出奇之术

一、跨界融合

不跨界，无未来。首先，校企融合经营学校。"欧亚"是学校，又不太像学校，像企业；而说它像企业，却又不是企业。与其说"欧亚"是在走有别于公办高校、不同于民办高校的第三条路，倒不如说"欧亚"在开辟介于学校与企业中间的第三条路径，这恰好符合创新的正反合逻辑。所以，我们在"欧亚"强烈地感觉到其管理人员有一个共同的语境和同样的话术，那就是发挥民办高校灵活的机制，把企业管理的思维运用到学校中，用心经营学校，美其名曰"产、学、研经营战略"。其次，中外融合开放学校。"欧亚"校园环境的建设、教室桌椅的摆放、课堂教学的变革、客厅与社区建设、作息时间调整、学生的自我管理等，无不体现中外融合的特点，使学校更加开放、多元、包容，美其名曰"国际化战略"。

二、工作绩效与人、财、物等资源配置

战略性人力资源管理和绩效管理是两个核心和关键问题。

"欧亚"进行了组织变革，建立了战略规划委员会、预算委员会、教务委员会、学务委员会、研究发展委员会、建设与总务委员会、文化委员会，进行了大部制改革，将 24 个部门调整为 12 个，组织特征由管理、控制、监控调整为规划、支持、服务、协同。事务性工作占比持续下降，研究性职能比重上升。事是人干的，人是关键问题。让想干事、能干事、干成事、有激情和梦想的、具有创新创业精神的年轻人干。大胆选拔年轻管理人才，搭建领导力团队。中层干部"80 后"占 44%；主管"85 后"占 1/3。定目标、明责任、下任务、压担子，让他们在工作中历练，上讲台、登舞台、集中培训、轮岗培养，做研究性工作，运用战略性思维不断地学习。部门和二级分院的主管要目中有人，即有学生和服务对象；要心中有账，即人人会算账；要脑中有物，即有脑子，能运用战略思维，有研究学习的能力；要嘴上会说，即善于语言表达和沟通，能讲会道；要暗中有招，即放权授权——二级分院由教学单位转变为办学主体。信息工程学院和人文教育学院的蜕变，就是其人力资源管理的两个典型案例。

工作再忙也要注意绩效管理,否则会更加忙碌。"欧亚"建立了以战略为导向的绩效管理系统,形成了"计划—执行—检查—处理(Plan—Do—Check—Act, PDCA)"闭环系统,让员工知道该做什么、如何做以及做到什么程度。绩效管理的核心是目标管理,设定清晰的目标,就已经成功了一半。要清晰描述关键绩效指标。如不能描述,就不能衡量;不能衡量,就不能管理。目标能量化的要量化,不能量化的要细化和流程化。目标的衡量标准是多、快、好、省。学校与其职能部门签订绩效合同,与其二级分院签订目标责任书,将每年的工作计划与经费预算相匹配。二级分院的绩效指标有规定动作,也有自选动作,通过月度、季度和年度的汇报进行绩效过程管理与跟踪。及时发现执行过程中的偏差,并适时修正。学校考核中层,二级分院考核教师,按能付薪,平时发放年薪的70%,30%作为年终绩效。实施"刀刃计划",集中有限资源打造比较优势,集中力量办大事。如果已经具备卓越品质,额外投入资源就能取得领先地位。

三、分的逻辑即业务专业化

教学和产、学、研在二级分院,学生工作在社区。学院设立学业导师,社区设立生活辅导员。据悉,此法最早在西京学院实行,西京二级分院设立院长一名,教务科、教研科、实验科各配科员。学生出了教学楼归属行健书院、万钧书院、创业书院、允能书院等住宿书院负责。让专业更加专业,让业余更为有趣。使二级分院深化产、学、研合作,在显性课程成果培育上更专业、更集中;使社区或书院在隐性课程建设、学生生活、校园文化上更丰富多彩,有助于学生成长成才。

在西安,本专科分开是普遍的做法,"欧亚"设立了一个高职学院,统一了各高职专业的教育教学工作。西京学院是设立专业的高职学院,如机械类的本科学院有机械工程学院,高职的是机电技术系。对此,我们可以借鉴。

四、信息化

在信息化环境中成长起来的信息时代"原住民",越来越依赖手机和电脑。没有网络,世界会怎样?信息化在师生学习、工作和生活中不可或缺。信息化是"欧亚"的战略支撑之一,把大数据运用得淋漓尽致的是招生办,其开展的生源数据分析、专业生命周期分析、录取分数预测、专业计划投放剖析等,均对招生工作、专业建设具有支撑作用,尤其是那些"不好看"的数据,对于工作极其有用。为什么"欧亚"至今没有学生工作和资产管理系统呢?信息化建设滞后确实是一个大问题,但我们不能把很多问题都归结于信息化。信息化是工具和手段,不能把信息化简单视为一切问题的罪魁祸首。信息化不是掩盖问题的挡箭牌,问题的背后是真正值得思考、需要解决的问题。较之"欧亚"的信息化,陕西师范大学的后勤信息化有很大的借鉴意义,可考虑拿来后做定制化应用,先行先试,让学生先行体验。

第五节 "欧亚"短板之我见

"欧亚"的有些优势是明显的,如基于工作岗位、围绕本职工作的应用型工作研究是相当不错的;有些教学资源是紧张的,如实验条件、图书资料、宿舍食堂;有些短板是显而易见的,如师资、科研、政府获奖、创新创业教育。

博士学历和高级职称的师资队伍建设对于科研和教学成果申报至关重要,其制约性必然导致省级及以上奖励和技术研发平台的短缺。企业化绩效经营是一把双刃剑,企业管理的语境不同于学校教育的语境。如何把握短期经济效益和长期育人效益的平衡度,是其痛点之所在。"欧亚"已经意识到了这一点,毕竟大学是学术共同体,研究学问者也,而教师应以学术为生存状态。"欧亚"认为,在结合工作应用战略研究和服务社会开展横向课题研究的同时,加强纵向课题研究获得政府认可尤为必要,故该校成立了科研处,聘请西北大学教授主抓科研工作和质量评估。该决定有其内在的考量。这一点已与西京学院有了差距。经过考察了解到,西京学院已引进博士200多人,其中,机械工程学院于2018年引进博士24人,学校获批省级重点实验室1个、省级工程中心1个、省级国合基地1个、省级人才模式创新试验区1个,建立了何积丰院士工作室、八大校级平台、国防科技研究院等科研基地。截至2024年年底,西京学院荣获包括国家自然科学基金、国家社会科学基金等在内的纵向科研项目230项,签订横向课题合同170项,公开发表学术论文4 000余篇。其中,核心期刊总量居全国民办高校首位,获专利授权700余件。西京学院的目标就是要申请博士授予点,建设西京大学。

过去,民办高等教育之所以兴起并快速发展,原因在于它们满足了教育未饱和市场下人民对于"上学"的实际需求。今后,民办高等教育能否持续健康发展,在于优质教育需求增加和优质教育资源供给不足矛盾作用下能否满足人们对于"上好学"的强烈渴望。优质、内涵、特色、精品、卓越等主题词,一定会落脚到学生的体验和人才培养质量之上。当下,国家正跨入新时代,"黄海"进入新时期,学校何去何从,又该如何转型升级?这是一个摆在我们面前的必须用行动来回答的现实问题。现代管理学之父——彼得·德鲁克认为:"管理是一种实践,其本质不在于'知'而在于'行';其验证不在于逻辑,而在于成果,其唯一权威就是成就。"他山之石,可以攻玉。镜子照向于内,对标自省,亟须自我革命者甚多,正视问题,不抱怨、不发牢骚,拥抱世界、勇于革新,不忘本来、吸收外来、面向未来,知行合一。时不我待,让我们现在就行动起来,谋大势、顾大局、办实事!因为"想"都是问题,而"做"才会有答案。

第六节　大舰出海,扬帆远航

　　适应日新月异的时代变革,以新旧动能转换为背景,面向未来、面向世界、面向现代化,进行组织结构优化,推进学校高质量发展,已成为必然的战略选择。优化组织结构,旨在进一步激发组织活力,焕发出清流激荡的前进动力,促进学校内涵发展和高质量提升,为"百年黄海、千年大学"奠定基石。

　　燃烧青春,干事创业。尽管伴随学校发展成长起来的教师均已步入中年,但我们坚信——使用是最大的培养、培养是最大的福利。这些教师在使用中培养、在岗位上历练、在担责中成长,有理想、有思路、有干劲、有活力、有干事创业的激情,方能在开创学校新时代的伟大征程中贡献自己的力量。

　　大舰出海,聚力发展。风好帆正悬,奋进正当时,从胶州湾畔起航的"黄海"之舰,正向着浩瀚的深蓝开拓进取。原先的小舢板根本无法抵御大风大浪,因此,我们迫切需要升级发展,集中人力、物力、财力,实施大舰战略,搭建大平台,强点突破,强优扶特,聚焦发力,在重点领域发力,在百舸竞流中成为领航的旗舰。

　　航向大海,走向世界。"黄海"是海,海里有船,船上载满了货物,正意气风发地出海,驶向商贸融通的彼岸。所以说,"黄海"的特色发展就集中在船舶装备类、跨境电商类、涉外类等专业上。这需要国际化氛围和"大人物"(大数据、人工智能、物联网)引领,强化智能化(智能制造、智能建造、智能商科)发展方向,实现学科交叉融合和优质特色发展,培养真正具有中国心、世界范、青岛味、"黄海"情的时代新人。

学生中心，以文化人。将以雷锋精神兴校育人的红色文化落脚到立德树人的根本任务上，促进思政课程、课程思政、生活思政、文化思政聚合发展，将社会主义核心价值观融入人才培养全过程；使中华优秀文化教育从普及向提高层面转变，从全员普惠向融入专业、化入学生习惯转变；弘扬工匠精神，培养时代工匠，以增长性思维将工科创新、商科创业、文化创意的创客平台打造成创造之源，让师生人人皆敢创、能创、会创，建立以创新为基础的做事与思考方式，以一种求新、求变、求发展的心态和发掘机会、整合资源、提供新价值的行为，做正确的事情，并做出成果。

以真为本，以美为求。千教万教教人求真，千学万学学做真人。教育的本质是上行下效、长善救失，让人从自然人到文化人蜕变，成就学生的文化人生；教育的功能是成人之教、成人之美，通过成就学生来成就教师、成就学校、成就学生的美丽人生；教育的任务是立德树人、以爱育人，以灵魂涵养灵魂，成就爱的人生。以文化人、以美美人、以情动人，成就学生、成就未来、服务社会，便是青岛黄海学院初衷不改的教育实践。

参考文献

[1] [德]马克思,恩格斯. 马克思恩格斯全集(第3卷)[M]. 中共中央马克思恩格斯列宁斯大林著作编译局,译. 北京:人民出版社,1965.

[2] [美]埃德加·沙因. 企业文化生存与变革指南[M]. 郝继涛,译. 北京:机械工业出版社,2004.

[3] [美]奥格·曼狄诺. 世界上最伟大的推销员[M]. 安辽,译. 北京:世界知识出版社,2014.

[4] [美]彼得·德鲁克. 变动中的管理界[M]. 王喜六,等译. 上海:上海译文出版社,1999.

[5] [美]詹姆斯·布赖恩特·科南特. 美国师范教育[M]. 陈友松,译. 北京:人民教育出版社,1988.

[6] 陈虎. 礼记[M]. 王红娟,译注. 长春:吉林大学出版社,2021.

[7] 胡晓风. 陶行知教育文集[M]. 成都:四川教育出版社,2007.

[8] 马凯歌. 高等职业学院特色专业建设的研究——以河北旅游职业学院为例[D]. 北京:首都师范大学,2011.

[9] 毛泽东. 毛泽东选集(第3卷)[M]. 北京:人民出版社,1999.

[10] 潘懋元,邬大光,别敦荣. 我国民办高等教育发展的第三条道路[J]. 高等教育研究,2012,33(4):1-8.

[11] 阙明坤. 中国高水平民办高校生成机制研究[D]. 厦门:厦门大学,2020.

[12] 陶行知. 陶行知教育箴言[M]. 哈尔滨:哈尔滨出版社,2020.

[13] 陶行知. 陶行知文集[M]. 太原:山西教育出版社,2021.

[14] 万献初,刘会龙. 说文解字十二讲[M]. 北京:中华书局,2019.

[15] 汪国真. 热爱生命[M]. 北京:民主与建设出版社,2021.

[16] 中共中央文献研究室. 毛泽东文艺论集[M]. 北京:中央文献出版社,2002.

后 记

　　25 年职业发展,25 载成长进步,吾之生命已然融入"黄海","黄海"即我,我即"黄海"。"黄海"发展即我成长,"黄海"发展即我进步。"黄海"是具有丰富资源的海域,"黄海"是工作展现的平台,"黄海"也是实现精神追求的家园。25 年徜徉在这片海域、历练在这个平台并成长于这个家园,让我的爱好成了职业、职业成了爱好。是爱好的力量一直推着我对所从事的教育职业不断学习、思考和探索,于是有了本书。它是近 10 年来我工作点滴的原始积累,因为是原始材料,所以略显粗糙和肤浅;因为是点滴积累,所以略显零散和啰唆,谈不上什么学术成果,更多的是工作随笔。虽然本书所述的学术观点不一定"新",学术规范不一定"强",却是"心"的呼唤、行动的感知、教育的实践、历史的再现。岁向前,行不止,所求者为何? 窃以为是在通过炽热的心、倔强的行和浅薄的文,来求索青岛黄海学院应用型人才培养之道。

　　何谓民办高校? 为什么不叫私立大学? 在民办学校大浪淘沙的激烈竞争中,青岛黄海学院为什么会脱颖而出? 28 年来,它从一所职工培训学校起步,历经中职、高职、本科教育的嬗变历程,成功回答了"我是谁,为了谁,依靠谁"的本质追问,阐释了"民办教育是人民教育"的教育本质。学校是培养人的殿堂,那么"黄海"如何培养人才?

　　始终坚持爱国敬业的理想信念,全面加强党的领导,扎根青岛大地办教育,着力培养德高艺精之才。

　　始终坚持以文化人的弘道追求,匠心打造有温度的教育,形成中华优秀传统文化、红色革命文化、大国工匠文化、创新创业文化"四文化"融合育人特色。

166

始终坚持知行合一的教育理念，教育与生产劳动、社会实践相结合，不断探索"工学结合、产教融合、校企合作"之道，培养学生的匠心。

始终坚持改革创新的发展理念，与时俱进办教育，不断完善学科专业结构和人才培养体系，不断更新教育内容和教学方法，以智慧启迪智慧、人工智能赋能教学，构建教育教学新生态。

始终坚持开放办校的发展战略，向国际开放，面向未来，将学生国际视野拓展、全球胜任力提升纳入应用型人才培养体系。

始终坚持质量立校的办学理念，以师生为本，崇尚内涵发展，促进人才培养优质化，包括为学生提供优越的环境、优良的设备、优秀的师资、优质的课程等。

围绕立德树人根本任务所形成的人民中心、人文化、融合化、智慧化、国际化、优质化"一心五化"，构成了本书的基本逻辑。基于这个逻辑，我写下了林林总总的琐言碎语，汇集成一本小册子，当然有不少是秉持拿来主义为我所用。事实上，这本书是全校师生智慧的结晶和大家集体付出的结果。我有幸成为这本书的执笔者，见证并参与了这一伟大的教育实践，感谢所有创造者、实践者、参与者，愿我们持续书写青岛黄海学院的下一个辉煌！

梁忠环

2024 年 12 月